Christian Feldmann

Edith Stein

Jüdin, Atheistin, Ordensfrau

Herder
Freiburg · Basel · Wien

Neuausgabe

Umschlaggestaltung: Finken & Bumiller, Stuttgart
Umschlagmotiv und Bilder im Anhang:
Edith-Stein-Archiv, Karmel Tübingen

Dritte Auflage

Herstellung: Freiburger Graphische Betriebe 1998
Gedruckt auf umweltfreundlichem,
chlor- und säurefrei gebleichtem Papier
ISBN: 3-451-26387-4

Inhalt

Schon wieder eine Klosterschwester?

Warum werden eigentlich nie normale Menschen heilig- und seliggesprochen?

Natürlich wieder eine Klosterschwester. Noch dazu aus einem beschaulichen Orden. Vorher war sie Philosophin gewesen, hatte über katholische Pädagogik gearbeitet. Die Themen ihrer Bücher: Das „ewige Sein". Die „ontische Struktur der Person". Mystische Theologie. „Kreuzeswissenschaft". Was sollen wir heute mit so einer Frau anfangen, bewundernswert zwar, aber schrecklich weit weg von unseren Problemen und Erfahrungen?

Am Anfang ging es mir genauso. Skeptisches Kopfschütteln. Fremdheitsgefühle. Berührungsängste. Bis ich näher hinsah und eine Zeitgenossin entdeckte.

Eine verunsicherte Zweiflerin, die lieber Atheistin sein wollte, als vorschnell ein nicht voll akzeptiertes Glaubensbekenntnis zu sprechen.

Eine leidenschaftliche Wahrheitssucherin aber auch, die sich nicht mit einem lässigen Achselzucken zufriedengab, sondern der Welt im buchstäblichen Sinn auf den Grund ging. Eine radikal Fragende, die den Mut hatte, auch den eigenen Atheismus in Zweifel zu ziehen.

Eine messerscharfe Denkerin, die Gott nicht nur mit dem Herzen, sondern auch mit dem Verstand finden wollte. Oft genug zerrissen zwischen nüchterner Sachlichkeit und brennender Sehnsucht.

Eine schlicht auftretende Christin, die mystischen Überschwang ablehnte und für einen realistischen Alltagsglauben warb. Nicht um religiöse Hochstimmungen ging es ihr, sondern um die – bescheidene, aber wirksame – Veränderung der Umwelt.

Eine konsequente Verteidigerin der Menschenwürde, die sie darin begründet sah, daß der Mensch Gottes Ebenbild ist. Das ist der ungeheuer praktische Sinn ihrer Seinsphilosophie: Das endliche Sein des Menschen hat am ewigen Sein Gottes teil.

Eine Hoffnungsträgerin, die mitten in der Hölle der Vernichtungslager einen Lichtschimmer verbreitete. Der Haß dürfe niemals stärker sein als die Liebe, hat sie gesagt.

Eine glaubwürdige Zeugin des geschundenen Christus, die von Nachfolge nicht nur fromm redete, sondern bis zum bitteren Ende Solidarität mit ihrem gejagten, gefolterten, gemordeten Volk bewies.

Eine Pioniergestalt christlich-jüdischer Versöhnung, die als Christin den jüdischen Gott neu entdeckte und lieben lernte. Uns Christen lehrt sie begreifen, wo unsere Wurzeln sind und das kostbarste Erbe unseres Glaubens.

Wenn ich die Lebensgeschichte dieser Frau zu erzählen versuche, dann lasse ich mich selbst an der Hand nehmen – von einer Weggefährtin.

1

Der Weg zum Glauben

„Wer die Wahrheit sucht, der sucht Gott,
ob es ihm klar ist oder nicht."

Sie war ein merkwürdiges Kind. Mehr als Puppen und Teddybären faszinierten sie die forschen Studentenlieder, die ihr Paul, der älteste Bruder, vorsang, und die Dichterporträts, die er ihr in seiner Literaturgeschichte zeigte. Schon die Vierjährige merkte sich alles mit einem phänomenalen Gedächtnis und protestierte empört, wenn ihr irgendwelche Tanten weismachen wollten, „Maria Stuart" sei von Goethe geschrieben.

Noch viel entrüsteter reagierte sie, als ihre Mutter sie im Kindergarten anmeldete. „Das hielt ich für tief unter meiner Würde", erinnert sie sich später. „Es kostete jeden Morgen einen heftigen Kampf, mich hinzubringen." Glücklich entdeckte sie eines Tages, daß es draußen regnete: Nein, auf dem nassen Boden könne sie unmöglich gehen! Der gute Paul nahm die durchtriebene Vierjährige auf den Arm und trug sie den ganzen Weg bis zum ungeliebten Kindergarten, wo sie sich entsprechend kratzbürstig gegen die anderen kleinen Mädchen benahm und kaum zum Mitspielen zu bewegen war. Es half auch nicht viel, das bockige Kind mit gelben Pflaumen oder ähnlichen Herrlichkeiten ködern zu wollen: „Aber bestechen ließ ich mich durch solche materiellen Dinge doch nicht", bekennt sie nicht ohne Stolz.

Was auf den ersten Blick wie das Gehabe einer kleinen Primadonna anmutet, ist im Grunde eine ganz vernünftige Reaktion auf Erfahrungen gewesen, die sehr viele Kinder mit Erwachsenen machen müssen; Edith Stein hat sich nur nicht soviel gefallen lassen wie andere. In ihrer Autobiographie beschwert sie sich noch nachträglich über die „herablassende Art", wie Erwachsene mit Kindern umzugehen pflegen. „Wenn ich anfing über Dinge zu reden, für die ich ihnen zu klein schien, dann konnten sie lachen und es sich gegenseitig als Kuriosität erzählen. Da schwieg ich lieber still. In der Schule wurde ich ernst genommen."

Wutanfälle und Gespenstergeschichten

Es ist auch ganz gut, daß dieses altkluge Kind, das mit seinen Geschwistern „Dichterquartett" spielt und schon lange vor dem Schuleintritt endlose Balladen aufsagen kann, soviel temperamentvollen Eigensinn zeigt – es wäre uns sonst gar zu unheimlich. Wenn man der kleinen Edith einen Wunsch versagte, konnte sie in Tränen der Wut ausbrechen. Ihre älteste Schwester wußte sich manchmal nicht anders zu helfen, als das Kind in eine dunkle Kammer zu sperren. Doch dort pflegte Edith ein ohrenbetäubendes Gebrüll anzustimmen und so ausdauernd mit den Fäusten gegen die Tür zu trommeln, daß sich die Nachbarn beschwerten und das finstere Gefängnis wieder geöffnet werden mußte. Ein langweilig-vergeistigtes „Wunderkind" ist sie, Gott sei Dank, nicht gewesen.

Dazu war die Atmosphäre, in der sie aufwuchs, auch viel zu nüchtern. Edith Stein wurde – als letztes von elf Kindern – am 12. Oktober 1891 in eine Breslauer Kaufmannsfamilie hineingeboren. Breslau: betriebsames Bürgertum, melancholische Backsteingotik, Fortschrittsoptimismus der Kaiserzeit. Ihre Familie, die sich auf polnische Vorfahren zurückführte, war ganz vom Geist jüdischer Religiosität geprägt, in die sich freilich auch schon ein Hauch liberalen Preußentums mischte. Die Wirtschaftsgesetze hatten den Juden neue Möglichkeiten eröffnet, das Holzgeschäft der Steins begann aufzublühen. Doch da starb der Vater plötzlich bei der Waldarbeit an einem Hitzschlag; Edith war noch nicht einmal zwei Jahre alt.

Die Verwandten rieten der Witwe, das verschuldete Geschäft sofort zu verkaufen, Untermieter ins Haus zu nehmen und sich von ihren Brüdern unterstützen zu lassen. Frau Auguste Stein sagte zu diesen Ratschlägen kein Wort. Am nächsten Morgen stand sie in der Holzhandlung, debattierte mit Tischlern, Bauherren, Lieferanten, vermaß Bretter, kletterte auf die Fuhrwerke und half den Arbeitern, die schweren Bohlen herunterzubefördern. Die Kaufmannstochter bewies ein sagenhaftes Geschäftstalent; bald konnte sie den Wert eines Waldes vom vorbeifahrenden Zug aus abschätzen. Breslauer Kollegen nannten sie bewundernd den „tüchtigsten Kaufmann in der ganzen Branche". Sommer oder Winter, sie stand in aller Herrgottsfrühe auf, versorgte die Kinder und eilte auf den Holzplatz. Nach etlichen entbehrungsreichen Jahren war das Geschäft schuldenfrei.

Edith Stein hing zeitlebens mit einer unbändigen Liebe an ihrer Mutter. Niemand hat sie so geprägt wie diese kraftvolle, tapfere, kluge Frau, die sich in ihrer resoluten Art von niemandem einschüchtern ließ: Als der Erste Weltkrieg ausbrach, fürchtete man in Breslau, die Russen könnten über die schlesische Grenze kommen. „Dann nehmen wir einen Besenstiel und hauen sie wieder raus", erklärte Frau Stein ungerührt.

Verantwortungsbewußt war sie, aber kein stumpfes Arbeitstier, geschäftstüchtig, aber herzensgut – manchmal schenkte sie zahlungsunfähigen Kunden noch etwas dazu, wenn sie sichtlich Not litten. Sie war eine strenggläubige Jüdin, die ihre Kinder dennoch ganz bewußt ihre eigenen Wege gehen ließ. Respektvolle Toleranz war wohl auch die einzig angemessene pädagogische Methode im Umgang mit dem quecksilbrigen, geistig hellwachen Nesthäkchen, das von verrückten Einfällen nur so sprudelte. Hatte man Edith eben noch in einem wilden Zornesausbruch erlebt, so verkroch sie sich im nächsten Augenblick in einem dunklen Winkel des Holzplatzes, wo man träumen oder einander Gruselgeschichten erzählen konnte. Und am Abend organisierte sie ein Theaterspiel im Geschwisterkreis, die Handlung dachte sie sich natürlich selbst aus.

„Aber im Innern gab es noch eine verborgene Welt", erinnert sich Edith. „Was ich am Tage sah und hörte, das wurde dort verarbeitet." Banale Erlebnisse wuchsen sich in ihrer überreichen Phantasie zu schrecklichen Bedrohungen aus. Nächtelang verfolgte sie der Anblick eines Betrunkenen. Ein derbes Wort, von der Mutter ausgesprochen, grub sich ihr mit quälender Schärfe ein. Plötzliche Fieberanfälle erschreckten ihre Familie. Erst als sie in die Schule kam, gewann sie ein ruhigeres Wesen.

Damals habe sich wohl die Vernunft in ihr durchgesetzt, sagte sie selber von sich. Die Wutanfälle von früher wurden von einer auffallenden Selbstbeherrschung abgelöst. „Wie das geschah, weiß ich nicht; ich glaube aber, daß der Abscheu und die Scham, die ich bei Zornesausbrüchen anderer empfand, das lebhafte Gefühl für die Würdelosigkeit eines solchen Sich-gehen-Lassens mich geheilt haben."

Klein, zart, aber hochbegabt und richtig verliebt in die Schule („ich konnte mit hochgerecktem Fingerchen bis zum Katheder vorhüpfen, um nur ja ‚dranzukommen'"), avancierte sie schnell zur Klassenbesten, obwohl sie auf ihr

Drängen hin mitten im Schuljahr aufgenommen worden war und viel nachzuholen hatte. Als unangenehme Streberin scheint sie nicht gegolten zu haben (vielleicht weil sie im Rechnen nicht ganz so gut war und von ihrer Banknachbarin abzuschreiben pflegte). Eher erregte sie Anstoß bei ihrer Verwandtschaft, weil sie Arbeiten im Haushalt haßte und schon früh am Morgen in ihren Geschichtsbüchern las, während ihre Mutter sie frisierte. Mit spöttischer Betonung nannte man sie „die kluge Edith". Das tat ihr weh, „weil ich herauszuhören glaubte, daß ich mir auf meine Klugheit etwas einbildete; außerdem schien mir darin zu liegen, daß ich *nur* klug sei; und ich wußte doch von den ersten Lebensjahren an, daß es viel wichtiger sei, gut zu sein als klug".

Daß das Kind Edith von einer glänzenden, ruhmreichen Zukunft träumte („denn ich war überzeugt, daß ich zu etwas Großem bestimmt sei und in die engen, bürgerlichen Verhältnisse, in denen ich geboren war, gar nicht hineingehörte"), sollte man nicht überschätzen. Die meisten kleinen Mädchen (und auch viele große) träumen vom Märchenprinzen. Eine gewisse intellektuelle Kopflastigkeit in ihrer Entwicklung hat sie später lebhaft bedauert, und am einfachen Lebensstil zu Hause nahm sie nie Anstoß: „Wir sahen, daß unsere Mutter von morgens bis abends schwer arbeitete, und darum war es uns selbstverständlich, keine unbescheidenen Wünsche zu äußern."

„Hier habe ich mir das Beten abgewöhnt"

Mit 13 Jahren zeigte Edith Stein Anzeichen einer Pubertätskrise: Sie hatte keine Lust, nach dem glänzenden Abschluß der Mädchenschule an das Realgymnasium überzuwechseln, und ließ sich lieber von ihrer verständnisvollen Mutter zur Erholung nach Hamburg schicken, wo sie einer ihrer verheirateten Schwestern in ihrem Arzthaushalt helfen sollte.

Diese Krise wird gern mit ihrem Glaubensverlust zusammengebracht. Edith Stein pflegte ja freimütig zu gestehen, sie sei bis zu ihrem 21. Lebensjahr Atheistin gewesen und damals in Hamburg habe sie sich „ganz bewußt und aus freiem Entschluß" das Beten abgewöhnt. Wie weit es denn mit diesem seinerzeit angeblich verlorenen Kinderglauben her gewesen sei, vergessen die Biographen in der Regel zu fragen. Sicher, ihre Mutter war eine leidenschaftlich fromme Jüdin, die ohne Kompromisse glaubte und ganz in der Tradition ihres Volkes lebte. Aber der religiösen Sozialisation, wie man das heute nennt, im Hause Stein scheinen Wärme und Überzeugungskraft gefehlt zu haben.

Ihre „aufgeklärten" älteren Brüder hätten an den religiösen Familienfesten bloß noch aus Pietät der Mutter gegenüber teilgenommen, läßt sie durchblicken. Und Ediths Nichte Susanne Batzdorff-Biberstein fällt das harte Urteil, Frau Stein sei zwar gläubig gewesen, habe aber wenig dazu getan, ihren Kindern über die Riten und Bräuche hinaus eine echte Beziehung zum Judentum zu vermitteln: Ediths spätere Konversion zum Katholizismus sei keine Flucht aus einem vertrauten Glauben gewesen, sondern der Schritt aus einem gewissen Unglauben zur Religion. „Sie war dem Judentum schon fremd, ehe sie es verließ."

Edith Stein hatte in den Jahren zuvor zwei Selbstmorde im Verwandtenkreis miterleben müssen. Der Hintergrund: geschäftliche Sorgen, wohl auch der zunehmende wirtschaftliche Druck auf die Juden. Es läßt tief blicken, wie enttäuscht sie sich später über diese Begräbnisfeiern äußert: Nichts Tröstendes in den Ansprachen der Rabbiner. Kein lebendiger Glaube an ein Wiedersehen nach dem Tod. „Ich glaube, die Unfähigkeit, dem Zusammenbruch der äußeren Existenz ruhig ins Auge zu sehen und ihn auf sich zu nehmen, hängt mit dem mangelnden Ausblick auf ein ewiges Leben zusammen." Ganz anders, „tröstend und beruhigend", sei ihr später das christliche Totengeleit erschienen.

Die acht Monate in Hamburg bewertete sie zwar später als „eine Art Puppenstadium": Eingekapselt in ihre innere Welt, habe sie sich bei Shakespeare, Grillparzer und Ibsen mit ihren großen Leidenschaften viel heimischer gefühlt als im häuslichen Alltag. Die praktische Arbeit im Haushalt scheint ihr dennoch gutgetan zu haben. Mutiger und optimistischer geworden, stürzte sie sich in Breslau wieder auf ihre Schulbücher.

Um in die Obersekunda des Realgymnasiums eintreten zu können, hatte sie in manchen Fächern den Stoff von drei Jahren nachzuholen. Das machte ihr in Latein mächtig Spaß; die strengen Gesetze der Grammatik entzückten sie. „Es war, als ob ich meine Muttersprache erlernen würde." Anders in Mathematik. Ihr Nachhilfelehrer, ein bejahrter Student, fiel ihr in seiner allzu genialen Art noch mehr auf die Nerven als die vertrackten Aufgaben. Manchmal kam er eine Stunde zu spät, ein andermal zog er es vor, überhaupt nicht zu erscheinen. Während des Unterrichts lief er hektisch im Zimmer herum, zupfte an seinen Nägeln und verwandelte geometrische Figuren in alberne Männchen. Wenn er dann geheimnisvoll erklärte, das sei der alte Pythagoras, herrschte ihn Edith empört an, zum Plaudern habe sie keine Lust, sie wolle ihr Pensum bewältigen.

Ein vertrockneter Büchermensch ist sie bei allem Lerneifer nie gewesen. Ihre Schulfreundinnen schätzten Edith Steins Verschwiegenheit – alle Sorgen und Geheimnisse habe man ihr anvertrauen können –, ihr ausgewogenes Urteil, nicht zuletzt aber ihre komische Ader. Ihre Klassenkameradin Rose Bluhm erinnert sich an Ediths warmherzige Art und ihren „herrlichen Sinn für Humor. Wenn sie lachte, strahlten ihre schönen grauen Augen, und sie hatte ein reizendes Grübchen am Kinn, das wir alle sehr liebten."

Die Zwanzigjährige baute ein so glänzendes Abitur, daß sie vom Mündlichen befreit wurde. Immer noch betrachtete man sie im Kreis der Verwandten ein bißchen als blutleere Musterschülerin; als sie ihrem jüngeren Vetter Erich wieder einmal als moralisches Beispiel vorgehalten wurde, warf er ihr ganz erbost vor, sie habe nur deshalb soviel Zeit zum Lesen, weil sie zu faul sei, Sport zu treiben. Doch bei näherem Kennenlernen mußte er sein Urteil zurücknehmen, begeistert stellte er fest: „Ein Mädel, das Abitur gemacht hat, vom Mündlichen befreit, den ‚Faust' gelesen hat und Walzer linksrum tanzen kann – das muß im Hansa-Theater ausgestellt werden." Das Hansa-Theater war das größte Varieté in seiner Heimatstadt Chemnitz.

Auf der Suche nach der Wirklichkeit

In der Universität Breslau sorgte die frischgebackene Studentin Edith Stein 1911 für eine kleine Sensation: In der experimentalpsychologischen Vorlesung war sie der einzige weibliche Hörer, und Professor William Stern vermerkte ihre Anwesenheit mit der schmunzelnden Anrede: „Wenn ich sage, ‚Meine Herren!', meine ich natürlich auch die Dame dort!"

Edith wollte Lehrerin werden, als Siebzehnjährige hatte sie einigen Freundinnen mit unbestreitbarem pädagogischem Talent Nachhilfeunterricht erteilt. Jetzt schrieb sie sich für die Fächer Germanistik und Geschichte ein. Auf ihrem Stundenplan standen Urgermanisch, deutsche Grammatik, Geschichte des deutschen Dramas, Preußische Geschichte im Zeitalter Friedrichs des Großen, Englische Verfassungsgeschichte, ein griechischer Anfängerkurs – ein buntgewürfeltes Repertoire an Wissen. Mehr aus Interesse belegte sie außerdem philosophische und psychologische Vorlesungen.

Die Psychologie war damals noch eine relativ junge Wissenschaft. Edith suchte in ihr eine Antwort auf die Frage, die sie immer stärker umtrieb: Was macht den Menschen aus? Worin gründet die Würde seiner Person? Doch statt der erhofften Auskunft über die Seele als Mitte des Menschen fand sie hier nur eine öde naturwissenschaftliche Mechanik. Eine Psychologie, die Seele, Geist und Sinn in die Rumpelkammer der Mythen und Märchen verbannte und sämtliche psychischen Regungen auf einfache Sinnesempfindungen zurückführte. Edith war zutiefst enttäuscht. Als sie nach etlichen Semestern um ein Thema für ihre Doktorarbeit bat und zu den ihr bereits sattsam bekannten „Ausfrage-Experimenten" verdonnert werden sollte (man legte Kindern verschiedene Bilder vor und notierte ihre Reaktionen, um die Mechanismen kindlichen Denkens zu erforschen), hatte sie endgültig genug von dem Fach.

In dieser Situation kam ihr wie ein Geschenk des Himmels ein faszinierendes Buch in die Hände: die um die Jahrhundertwende erschienenen „Logischen Untersuchungen" des Göttinger Philosophen Edmund Husserl. „Eine Art beschreibende Psychologie des Denkens" nennt ein Fachkollege dieses zweibändige Werk, das mit seiner radikalen Kritik am modischen Skeptizismus seinerzeit Geschichte machte. Husserls unter dem Namen „Phänomenologie" (Lehre von den Erscheinungen) berühmt gewordene Methode elektrisierte die Studentin: Ihr ganzes Psychologiestudium, so schrieb sie, habe ihr ja nur gezeigt, daß diese Wissenschaft noch in den Kinderschuhen stecke und nicht einmal über ein Fundament geklärter Grundbegriffe verfüge. In genau dieser Klärungsarbeit bestehe aber die Phänomenologie.

Husserls neue philosophische Methode läßt sich nur verstehen vor dem Hintergrund der tiefgreifenden kulturellen Wende am Beginn des 20. Jahrhunderts. Die neuerwachte Sehnsucht nach Gemeinschaft, die Hinwendung zur Natur, die Öffnung für die Transzendenz, für das ganz Andere, deutlich ablesbar etwa an der katholischen Jugendbewegung um Romano Guardini, all das wirkte sich auch in der Philosophie aus. Seit Kant war hier das subjektive Bewußtsein im Mittelpunkt gestanden. Das „Ding an sich" schien unerreichbar, erkennbar nur das „Ding für uns", wie es sich dem menschlichen Bewußtsein offenbare. Die objektive Wirklichkeit, die Realität der Außenwelt, der Glaube an bewußtseinsunabhängige Gegebenheiten – alles höchst unsichere Dinge.

Husserl ließ als einer der ersten diese Berührungsängste hinter sich, als er sich den Dingen näherte, wie sie sind. Er wagte es, wieder von der Wahrheit des Seins zu sprechen und von der – lange verpönten – Möglichkeit, die Wirklichkeit zu erkennen. Die Phänomenologie unternahm es, dem Sein der Dinge durch innere Wesenserkenntnis, durch strenge Klärung der Begriffe und eine möglichst saubere Erarbeitung des jeweiligen Sachverhalts auf die Spur zu kommen.

Das konnte heißen, die verschiedenen Wortbedeutungen zu scheiden und durch die Herausarbeitung des präzisen Wortsinnes allmählich zu den Sachen selbst vorzudringen. Das konnte aber auch einen geistigen Akt ganz eigener Art bedeuten, der bei Husserl „Wesensanschauung" oder „Intuition" heißt und weit über die sinnliche Wahrnehmung und Erfahrung einzelner Dinge hinausgeht. Denn nur so könne man die Idee oder das Wesen der Dinge erreichen.

Mit Edmund Husserl verließ die Philosophie die müde Skepsis der Zeit und näherte sich wieder der Möglichkeit einer objektiven Seinsordnung, an die eigentlich nur mehr die Theologen geglaubt hatten. Jetzt konnte wieder über verpflichtende Werte, über nicht bloß individuell geltende Normen nachgedacht werden. Viel später, 1931, bekräftigte Edith Stein das damals Gelernte in einem Artikel über den Intellekt und die Intellektuellen: „Der theoretische Verstand ist darauf abgestimmt, die Welt zu erkennen. Der objektiven Seinsordnung entspricht die Gesetzlichkeit, die dem Verstand das Verstehen vorschreibt, das ihn zur Übereinstimmung mit dem objektiven Sein zur Wahrheit führt: diese Gesetzlichkeit ist die Vernunft (ratio) ... Schon dieser kurze Überblick zeigt, daß alles Licht in die Seele durch den Intellekt kommt. Ohne ihn hätten wir ein bloßes Gewühl von dunklen und blinden Empfindungen, Gefühlszuständlichkeiten und Trieben. Er gestaltet das Chaos zum Kosmos. Darum wird die Verstandesausrüstung gern als Licht, als natürliches Licht, bezeichnet. Sie befähigt den Menschen, ein Bild der Schöpfung und, von da ansteigend, sogar eine gewisse Erkenntnis des Schöpfers zu gewinnen, ferner, sich in der Welt praktisch zurechtzufinden."

Dieser legendäre Husserl, das wußte Edith sehr bald, war der rettende Ausweg. Sie schwärmte so laut und endlos von Göttingen, daß sie ihre Freundinnen am Silvesterabend mit der Scherzstrophe aufzogen:

„Manches Mädchen träumt von Busserl,
Edith aber nur von Husserl.
In Göttingen da wird sie sehn
Den Husserl leibhaft vor sich stehn."

Der Abschied von Breslau war nicht unproblematisch. Die Wohnung in Göttingen kostete Geld, und das war etwas knapp in der großen Familie Stein, zumal Ediths Schwester Erna kurz vor dem Staatsexamen stand. Und die Mutter ahnte, daß sich ihre Tochter in der neuen Umgebung der Universitätsstadt mit ihrem liberalen Klima dem jüdischen Glauben noch mehr entfremden würde. Trotzdem stimmte sie zu, respektvoll, tolerant wie immer: „Tu, was du für richtig hältst, du wirst es selbst am besten wissen."

Edith Steins Vorfreude auf das Göttinger Philosophenparadies erhielt übrigens einen kleinen Dämpfer, als ihr ein Mitstudent mit merkwürdiger Betonung zum Abschied sagte: „Nun wünsche ich Ihnen, daß Sie in Göttingen Menschen treffen möchten, die Ihnen recht zusagen." Die dezent verpackte Kritik verunsicherte Edith zutiefst. „Ich war an keinen Tadel mehr gewöhnt", gesteht sie. „Ich hatte es auch immer als mein gutes Recht angesehen, auf alles Negative, was mir auffiel, auf Schwächen, Irrtümer, Fehler anderer Menschen, schonungslos den Finger zu legen, oft in spottendem und ironischem Ton. Es gab Leute, die mich ‚entzückend boshaft' fanden."

Später blickte Edith Stein auf diese ersten vier Studiensemester in Breslau überhaupt recht selbstkritisch zurück. „Die ständige Anspannung aller Kräfte", analysierte sie sachlich, „erweckte das beglückende Gefühl eines hochgesteigerten Lebens, ich erschien mir als ein reiches und bevorzugtes Geschöpf." Sie habe sich – abgesehen vom Honorar für die Nachhilfestunden, die sie gab – das Leben zwar von ihrer Mutter finanzieren lassen, sich aber sonst den Ihren ziemlich radikal entzogen. Mit großer Beschämung, aber rückhaltlos ehrlich stellt sie fest, daß sie sich sogar vor ihren Freundinnen „der Arbeitskleidung und der harten Arbeitshände meiner lieben Mutter schämte, wenn sie gerade vom Holzplatz heimkam".

Es hat keinen Sinn, solche wenig einnehmenden Wesenszüge schamhaft zu verschweigen, wie es in Edith Steins Lebensbeschreibungen häufig geschehen ist. Kein Mensch wird als Heiliger geboren. Und irgendwelche unwirklichen Gestalten, die zeit ihres Lebens auf Wolken geschwebt sind, stets dem Himmel nahe und von keiner menschlichen Schwäche, Halbherzigkeit und Gemeinheit befleckt, solche sterilen Musterexemplare überirdischer Tugend mögen bewundernswert sein – hilfreich sind sie nicht. Menschen, die nicht kämpfen, sich nicht mit all den banalen Widrigkeiten unserer armseligen Existenz herumschlagen mußten, taugen nicht als Vorbilder. Denn tapfer durchhalten und immer wieder aufstehen, das läßt sich nur von jemand lernen, der auch einmal gefallen ist.

Empört über die unpolitischen „Idioten"

Natürlich war sie schrecklich aufgeregt, als sie im Sommersemester 1913 nach Göttingen übersiedelte und dem vergötterten Husserl zum ersten Mal gegenüberstand. Sie schildert den damals 54jährigen als „vornehmen Professorentypus", nicht gerade auffallend, mit einem schönen Kopf und einem unverkennbar österreichischen Akzent. „Auch seine heitere Liebenswürdigkeit hatte etwas vom alten Wien." Edith Stein gewann anscheinend sofort sein Herz, als er sie fragte, ob sie denn schon etwas von seinen

Veröffentlichungen gelesen habe. Edith: „Die Logischen Untersuchungen. Den zweiten Band ganz." Darauf Husserl, lächelnd: „Den ganzen zweiten Band? Nun, das ist eine Heldentat." Damit war sie in sein Seminar aufgenommen.

Husserls eingeschworene Anhänger bildeten die sogenannte „Göttinger Schule", mit den bedeutenden Namen Adolf Reinach, Hans-Theodor Conrad und seiner späteren Frau Hedwig Martius. Daß dem Kreis auffallend viele Juden angehörten, erklärt sie damit, daß die „bedingungslose Radikalität" des jüdischen Geistes der kompromißlosen Sachhingabe, dem völligen Ausschalten aller Vorurteile und fixen Theorien, das die Phänomenologie verlange, wesensverwandt sei.

„Wir besaßen keine Fachsprache", erinnert sie sich, „kein gemeinsames System, das am allerwenigsten. Es war nur der geöffnete Blick für die geistige Erreichbarkeit des Seins in all seinen nur denkbar möglichen Gestaltungen (sofern ihr bloßes Wesen in Betracht kommt), was uns einte. Und die ungeheuren Perspektiven, die sich hieraus für die Grundlagenforschung (die Grundlagenforschung der Grundlagenforschungen!) aller nur denkbaren Wissenschaften ergaben. Es war das Ethos der sachlichen Reinheit ... Edith Stein war geborene Phänomenologin. Ihr nüchterner, klarer, objektiver Geist, ihr unverstellter Blick, ihre absolute Sachlichkeit prädestinierten sie dazu."

Ohne falsche Hemmungen beteiligte sich Edith, die blutige Anfängerin, an tiefschürfenden Diskussionen in Husserls Seminar, beeindruckte dabei durch Scharfsinn und Gewandtheit und übernahm gern die unbeliebte Tätigkeit der Protokollführerin. Vielleicht gelang ihr dieser rasche, allgemein bestaunte Aufschwung in die Höhen der Husserlschen Geistesflüge deshalb so gut, weil sie sich nie zur „Fachidiotin" machen ließ.

Edith Stein hatte in Göttingen ja nicht nur Philosophie, sondern auch Geschichte belegt, und politischen Fragen widmete sie sich mit einem wahren Feuereifer. „Die Liebe zur Geschichte", bekennt sie, „war bei mir keine bloß romantische Versenkung in vergangene Zeiten; mit ihr hing aufs engste zusammen eine leidenschaftliche Teilnahme an dem politischen Geschehen der Gegenwart als der werdenden Geschichte, und beides entsprang wohl einem ungewöhnlich starken sozialen Verantwortungsbewußtsein, einem Gefühl für die Solidarität der Menschheit, aber auch der engeren Gemeinschaften."

Empört registrierte die 22jährige, die dem preußischen Verein für Frauenstimmrecht beigetreten war und dort mit einer Menge Sozialistinnen zusammenarbeitete, die politische Gleichgültigkeit vieler Kommilitonen: „ein Teil ging in den ersten Semestern nur dem Vergnügen nach, andere waren ängstlich darauf bedacht, das nötige Examenswissen zusammenzubekommen und sich später eine Futterkrippe zu sichern". Solche jungen Karrieristen pflegte Edith in zorniger Verachtung „die Idioten" zu nennen und in den Hörsälen keines Blickes zu würdigen.

Auch hier, in den Geschichtsvorlesungen des Ranke-Schülers Max Lehmann, profilierte sich Edith Stein schnell als kritischer, souveräner, eigenständiger Geist. Lehmanns europäische Denkart zog sie an, aber in seiner Ablehnung Bismarcks wollte sie ihm nicht folgen. Am preußischen Staat fand sie durchaus positive Züge, „wenn ich mich auch von der besonderen Prägung des preußischen Konservativismus immer freihielt". Aber von den liberalen Ideen, in denen sie aufgewachsen sei, habe sie sich damals wohl schon entfernt.

Der „offizielle Hurra-Patriotismus", wie sie ihn nannte, war ihr immer schon unsympathisch gewesen. Als Schülerin fand sie es peinlich, wie man am „Sedantag" alljährlich den vor vier Jahrzehnten errungenen Sieg über die französischen Nachbarn feierte: „Ich war keine Pazifistin, aber ein solches Verhalten einem überwundenen Gegner gegenüber erschien mir unritterlich." Andererseits waren Volk, Vaterland, Nation für sie lebendige Begriffe und respektheischende Größen. Dem polnischen Phänomenologen Roman Ingarden suchte sie einmal klarzumachen: „Sehen Sie, ich kann so wenig in Deutschland verliebt sein, wie in mich selbst, denn ich bin es ja selbst, das heißt ein Teil davon. Die Völker sind ‚Personen', die ihr Leben haben, ihr Werden und Wachsen und Vergehen. Es ist ein Leben jenseits des unsern, obwohl es das unsere mit in sich einbezieht."

Menschen, die nicht in Schablonen denken und nicht nach einem Parteibuch leben, sind nie leicht einzuordnen. Dieselbe Edith Stein, die für einen verdächtigen katholischen Pazifisten schwärmte (ihr Studienkollege Hans Lipps, der eine kühne Schrift gegen den Krieg geschrieben und sich damit beinahe einen Prozeß wegen Landesverrats eingehandelt hatte, ist offenbar ihre einzige heimliche Liebe gewesen), dieselbe Edith Stein war voll ehrlicher Bewunderung für das gewaltige Selbstbewußtsein des Deutschen Reiches und bekannte am Tag der Mobilmachung 1914: „heute hat mein individuelles Leben aufgehört, und alles, was ich bin, gehört dem Staat". Für sozialistische Völkerverbrüderungsideen hatte sie absolut keine Antenne.

Die Radikalität des Fragens

Sie muß zeitweise wie eine Verrückte studiert haben. „Meine Tage waren recht lang", notiert sie nüchtern, „ich stand früh um sechs auf und arbeitete bis Mitternacht, fast ohne Unterbrechungen. Da ich meist allein aß, konnte ich auch während der Mahlzeiten nachdenken. Und wenn ich zu Bett ging, legte ich mir Papier und Bleistift auf dem Nachttisch zurecht, damit ich Gedanken, die mir nachts kämen, gleich festhalten könnte."

Zum Glück gibt es aber auch Berichte über ausgedehnte Gebirgstouren, Harzwanderungen und abendliches Musizieren zusammen mit ihren Freundinnen. Edith beherrschte die gerade aktuellen Tänze hervorragend, konnte Gesellschaftsbällen aber wenig abgewinnen und äußert sich überhaupt manchmal überraschend prüde über den unter Studenten üblichen lockeren Ton. Es konnte auch vorkommen, daß sie sich auf so einer fröhlichen Wochenendwanderung bei der Rast plötzlich von den anderen absonderte und auf den Hochsitz eines Jägers hinaufkletterte, um sich dort glücklich in Spinozas „Ethik" zu vertiefen.

Immer klarer kristallisierte sich bei solch intensivem Studieren die eigentlich bedrängende Frage heraus, die Edith Stein nicht nur theoretisch interessierte wie irgendein kniffliges philosophisches Problem, sondern bis ins Innerste aufwühlte und herausforderte: die Frage nach dem tiefsten Grund der Wirklichkeit, nach der unzerstörbaren Realität. Es war die Frage nach der Wahrheit, die sie später zu Gott und in den Karmel führen sollte.

Das begann mit der Suche nach dem Kern der menschlichen Person (Edith: „Nur wer sich selbst als Person, als sinnvolles Ganzes erlebt, kann andere Personen verstehen") und drängte bald über die Struktur der menschlichen Existenz hinaus zum Grund und Ursprung allen Seins. Von der Betrachtung der „Phänomene" wanderte Edith Stein, getrieben von einer unstillbaren Leidenschaft, immer mutiger, immer sehnsüchtiger empor, bis sie bei jener letzten Wirklichkeit anlangte, die alle menschliche Realität umfängt und trägt.

„Die spezifisch-menschliche Form des Erkennens ist das rationale Verfahren, das schrittweise Vorgehen", so drückte es die schon zur Christin Gewordene später einmal aus. „Aber mit seiner Höchstleistung reicht der menschliche Verstand ... an die Erkenntnisweise der höheren Geister heran; alle Erkenntnisbewegung zielt ab auf das ruhende Schauen der Wahrheit und geht aus von der intuitiven Erkenntnis der Prinzipien; wir können noch hinzufügen: sie wird motiviert durch ein erstes Aufblitzen der

Wahrheit, die gesucht und erarbeitet werden will, durch ein momentanes Vorwegnehmen der festen und dauernden Anschauung."

Natürlich vollzog sich dieser Prozeß nicht immer geradlinig, natürlich gab es Durststrecken und Nebenwege. Edith Stein glitt keineswegs sanft und automatisch in eine überirdische Glaubenssicherheit hinein. Das Paradox des Glaubens galt auch für sie, daß nämlich, was von oben geschenkt wird, zugleich unten mühsam erkämpft werden muß. Bohrende Zweifel, lähmende Sinnlosigkeitsgefühle, bisweilen auch ein wütender Kampf gegen das Überwältigtwerden durch die Wirklichkeit der Transzendenz prägen diesen Weg.

Im schwer zu lesenden Stil ihrer philosophischen Abhandlungen formuliert Edith Stein das genannte Paradox so: „Die Erkenntnisbewegung ist Aktivität und als solche Willensleistung, d. h. das Tun des Verstandes wird vom Willen dirigiert. Andererseits ist der Wille als solcher blind, er kann nichts als Ziel ins Auge fassen, was ihm nicht in gewisser Weise der Verstand vorstellt. Das scheint zunächst ein circulus vitiosus zu sein, ist aber doch keiner. Wir brauchen nur an das zu denken, wovon soeben die Rede war: das Aufblitzen einer Wahrheit, die Verstandesarbeit erfordert, um dauernder Besitz zu werden. In dem Aufblitzen empfängt der Verstand passiv etwas, aber er empfängt es als ein Motiv, das ihn in Bewegung setzen will und ihn durch den Anteil des Willens tatsächlich in Bewegung setzt."

Eine Wahrheitsfanatikerin war diese aus persönlicher Betroffenheit Philosophierende schon immer gewesen. Professor Ingarden, der sie gut kannte, ist davon überzeugt, „daß Edith Stein kein einziges Wort geschrieben hätte, an welches sie nicht glaubte, und daß sie nichts im Geiste des Konformismus getan hätte". Ähnlich bewertet der Religionsphilosoph Erich Przywara die Tatsache, daß sie sich – ungeachtet der Leidenschaft für die phänomenologische Methode – keiner bestimmten philosophischen Schule oder Richtung verschreiben wollte: Dazu sei in ihr eine viel zu starke Klarheit und Unbestechlichkeit lebendig gewesen. „Das war gewiß, wenn man so sagen darf, der Charme ihres geistigen Wesens, der sogar ihren alten Lehrer und Meister Ed. Husserl so gefangen nahm, daß er ihre Konversion nicht nur nicht als Treulosigkeit empfand, sondern auch und gerade in der katholischen Philosophie Edith Stein's so etwas sah wie die reinste Verkörperung seiner Ideen ..."

Daß die Phänomenologie durchaus zum Glauben führen kann, begründet die 1966 gestorbene Husserl-Schülerin und spätere Münchner Professorin der Philosophie Hedwig Conrad-Martius, Edith Steins Freundin und Taufpatin, mit der radikalen Offenheit dieser Philosophie: „Das stärkste Argument für den Atheismus ... ist die scheinbare Unmöglichkeit der dabei zu glaubenden Dinge und Sachverhalte. In dem Moment aber, in dem sich die Daseins*möglichkeit* einer Sachlage mit ihrem sich enthüllenden vollen Wesen vor Augen stellt, muß eine erste Erschütterung über den Ungläubigen kommen. Kann er es noch verantworten, sich mit der Existenzfrage einer Sache, die plötzlich im eindrucksvollsten Sinn existenzmöglich geworden ist, *nicht* auseinanderzusetzen?"

Die „bedingungslose Radikalität" (Conrad-Martius) phänomenologischen Fragens, die Forderung, alle mitgebrachten Vorurteile auszuschalten, das paßte genau zu Ediths Sehnsucht, zur Mitte der menschlichen Person vorzustoßen und das Wesen der seelischen Realität kennenzulernen. Als „persönlich-geistiges Gebilde", so schrieb sie später, könne die Seele kein „unbekanntes X" sein, eine Art Arbeitshypothese zur Erklärung der erfahrbaren seelischen Phänomene, sondern „etwas, was uns aufleuchten und spürbar werden kann, wenn es auch immer geheimnisvoll bleibt".

Was ist die Wirklichkeit? Was ist Wahrheit? Die Frage sollte sie nie mehr loslassen. Sie weitete sich zur Suche nach der unzerstörbaren Realität, dem ewigen Sein („Endliches und ewiges Sein" nannte sie ihr philosophisches Hauptwerk): Ist Gott die Wahrheit? Ist Gott wirklich?

Die Antwort fand sie nicht in Büchern und Gesprächen und wissenschaftlichen Diskussionen. Die Antwort fand sie im Karmel, als sie sich mit letzter Konsequenz in das Abenteuer des Glaubens gestürzt und sich Gott geschenkt hatte: Dieser Gott war so wirklich, daß er ihr die Kraft gab, gelassen der Gaskammer entgegenzugehen. Jetzt wußte Edith Stein, daß sie nie mehr ins Nichts fallen konnte.

„Ich arbeitete mich in eine richtige Verzweiflung hinein"

Doch bis dahin war noch ein weiter Weg zu gehen. Die Studentin ahnte zwar, daß ihre Sehnsucht nach Erkenntnis irgendwie mit der religiösen Problematik zu tun hatte. „Wer die Wahrheit sucht, der sucht Gott", schrieb sie später einmal, „ob es ihm klar ist oder nicht." Aber noch war ihr das Reich des Glaubens eine fremde Welt, die sie anzog und zugleich ängstigte. Ob er an einen persönlichen Gott glaube, fragte sie schüchtern – und brieflich! – einen Mitstudenten, den sie als sehr gesetzestreuen Juden kannte. „Er antwortete kurz: Gott ist Geist. Mehr sei darüber nicht zu sagen. Das war mir, als ob ich einen Stein statt Brot bekommen hätte."

Aber es gab auch positivere Erlebnisse. Während sie noch mit ersten Enttäuschungen über Husserl und seine Lehre zu kämpfen hatte (auch die Philosophie sei nur „ein Bruchstück" und schleppe alle Irrtümer und Unvollkommenheiten des Menschengeistes mit sich herum, stellte sie traurig fest), erschloß ihr ein anderer Phänomenologe, Max Scheler, eine neue Welt.

Scheler, zum Katholizismus konvertierter Jude, war im Gegensatz zum nüchtern-strengen Husserl ein genialer Visionär, der die Zuhörer mit funkelnden Bildern und mitreißenden Gedankenflügen in seinen Bann schlug. Seine Abendvorträge über religiöse Themen waren in Universitätskreisen Tagesgespräch und machten die katholische Kirche dort unerwartet attraktiv.

Schelers bleibende Bedeutung, so bekannte sie später dankbar, liege in der Rehabilitierung der „Welt der Werte". Er habe überzeugend dargelegt, wie wichtig das Schöne, das Wahre, das sittlich Gute für den Aufbau der Persönlichkeit seien: „Ideen wie Tugend, Reue, Demut, für die in den Kreisen modernen Unglaubens jedes Verständnis entschwunden war, hat er für die Gebildeten unter ihren Verächtern wieder in ihrem ursprünglichen Sinn erschlossen."

Damals war das freilich für sie die Begegnung mit einer völlig unbekannten Welt: „Sie führte mich noch nicht zum Glauben. Aber sie erschloß mir einen Bereich von ‚Phänomenen', an denen ich nun nicht mehr blind vorbeigehen konnte. Nicht umsonst wurde uns beständig eingeschärft, daß wir alle Dinge vorurteilsfrei ins Auge fassen, alle ‚Scheuklappen' abwerfen sollten. Die Schranken der rationalistischen Vorurteile, in denen ich aufgewachsen war, ohne es zu wissen, fielen, und die Welt des Glaubens stand plötzlich vor mir. Menschen, mit denen ich täglich umging, zu denen ich mit Bewunderung aufblickte, lebten darin. Sie mußte zum mindesten eines lebhaften Nachdenkens wert sein."

Einer dieser gewinnenden Menschen war der Privatdozent Adolf Reinach, Husserls engster Mitarbeiter, eine Art vermittelnde Instanz zwischen dem etwas steifen Husserl und seinen Studenten, ein hochbegabter Lehrer, der auch für das schwierigste abstrakte Problem immer ein einleuchtendes Beispiel hatte – und ein überzeugter Christ. „Es war mir, als sei mir noch nie ein Mensch mit einer so reinen Herzensgüte entgegengekommen", sagte Edith Stein begeistert. Auch hier wieder: „Es war wie ein erster Blick in eine neue Welt."

Solche Güte hatte die von soviel neuen Eindrücken verwirrte, an sich selbst zweifelnde Studentin auch bitter nötig. Ihr leidenschaftlicher Drang nach Wahrheit und Erkenntnis bescherte ihr ja keineswegs bloß intellektuelle Hochstimmungen. Der künftige Weg lag noch völlig offen vor ihr, sie geriet immer mehr ins Schwimmen, die ruhige Sicherheit von Menschen wie Reinach provozierte sie, führte ihr die eigene Unschlüssigkeit nur noch bedrückender vor Augen: „Ich hatte noch nicht jene Stufe der Klarheit erreicht, auf der der Geist in einer gewonnenen Einsicht ruhen kann, von da aus neue Wege sich öffnen sieht und sicher fortschreitet. Ich tastete wie im Nebel voran."

Wer die Heiligen zu unberührbaren Gipsfiguren verharmlost, die – von himmlischen Schutzgeistern sicher geleitet und vor jeder menschlichen Verirrung gefeit – geradewegs dem Paradies zustreben, wird über die depressiven Zustände erschrecken, von denen Edith Stein berichtet. Doch die Höhe des Lebens erklimmt nur, wer auch die tiefsten Abgründe berührt hat. Wenn man das weiß, fällt es leichter, in jenen Verzweiflungsphasen Stationen auf dem Weg der Reifung zu sehen.

Edith spricht von einer Seelenmarter, gegen die ihre klugen Bücher genauso wirkungslos waren wie die kompakten Lebensweisheiten ihrer Mutter („Was man will, das kann man"): „Dieses Ringen nach Klarheit vollzog sich nun in mir unter großen Qualen und ließ mir Tag und Nacht keine Ruhe. Damals habe ich das Schlafen verlernt, und es hat viele Jahre gedauert, bis mir wieder ruhige Nächte geschenkt wurden. Nach und nach arbeitete ich mich in eine richtige Verzweiflung hinein. Es war zum erstenmal in meinem Leben, daß ich vor etwas stand, was ich nicht mit meinem Willen erzwingen konnte."

Vordergründig machten ihr das Studium und die ungewisse berufliche Zukunft Sorgen; sie hatte Angst, den Abschluß nicht zu schaffen, brachte die Menge des angelesenen Fachwissens durcheinander, mühte sich vergeblich um einen roten Faden durch das Labyrinth philosophischer Probleme und Begriffe. Wäre der solide Beruf einer Lehrerin nicht doch besser gewesen, als von der Wissenschaft zu träumen? Vergeblich sagte sie sich selbst alle möglichen Vernunftgründe vor: „Wenn ich die Doktorarbeit nicht fertig brächte – fürs Staatsexamen würde es doch wohl reichen; und wenn ich keine große Philosophin werden könnte, dann doch vielleicht eine brauchbare Lehrerin."

Alles vergebens. Das ganze Leben schien ihr mehr und mehr unerträglich. Am Schluß war sie so weit, daß sie nicht mehr über die Straße gehen konnte, ohne zu wünschen, von einem Auto überfahren zu werden. „Und wenn ich einen Ausflug machte, dann hoffte ich, daß ich abstürzen und nicht lebendig zurückkommen würde. Es ahnte wohl niemand, wie es in mir aussah."

Im Vorhof der Hölle

Irgendwie muß sie es geschafft haben, heil aus diesem lähmenden Weltschmerz herauszukommen, denn im Januar 1915 schloß sie ihr Staatsexamen in Philosophischer Propädeutik, Geschichte und Deutsch erfolgreich ab. Jetzt hätte sie an eine Schule gehen und unterrichten können. Doch der ein halbes Jahr zuvor ausgebrochene Krieg, zu dem zahlreiche Mitstudenten eingezogen worden waren (gerade von den Juden hatten sich viele freiwillig gemeldet), forderte ihr eine ganz persönliche Entscheidung ab, wie sie immer deutlicher spürte – und vielleicht kam es ihr in ihrer damaligen Klärungsphase gar nicht so ungelegen, einmal nicht mehr an Universität und Schule zu denken und etwas ganz anderes zu machen.

Die sonst so Unabhängige dachte nicht daran, sich der allgemeinen Kriegsbegeisterung zu entziehen. Im Gegenteil, ihre patriotischen Gefühle gewannen eine Intensität, die alle anderen Interessen und Ziele in den Hintergrund drängten. „Ich habe jetzt kein eigenes Leben mehr. Meine ganze Kraft gehört dem großen Geschehen", erklärte sie mit einem ihr fremden Pathos. Professor Ingarden erinnert sich: „Den ganzen Krieg erlebte sie in einer merkwürdigen Einstellung, als ob sie allein einen Kampf gegen etwas zu führen hätte. Sie wollte dienen." Seinerzeit habe sie ihn gefragt, „ob sie eigentlich das Recht habe, sich mit der Philosophie und solchen dummen Sachen zu beschäftigen, wenn Leute sterben, wenn man ihnen helfen müßte ..."

Glücklicherweise wurde nichts aus ihrer Idee, sich zur Arbeit in einer Munitionsfabrik zu melden. Für uns heute ein peinlicher Schatten auf diesem strahlenden Leben, aber man muß bedenken, daß seinerzeit nur wenige Menschen den Mut fanden, sich den jahrelang aufgebauten Feindbildern und der allgegenwärtigen Kampfmentalität entgegenzustellen – zumal im sogenannten bürgerlichen Lager.

Edith Stein kehrte nach Breslau zurück, machte dort einen Krankenpflegekurs für Studentinnen und wurde zunächst – da die Feldlazarette die vielen freiwilligen Hilfskräfte gar nicht alle aufnehmen konnten – daheim in Breslau im städtischen Allerheiligenhospital eingesetzt: auf der Station für Tbc-Kranke, auf der Unfallstation für Kinder und in der chirurgischen Poliklinik. Dann holte man sie zu ihrer großen Freude in das Seuchenlazarett Mährisch-Weißkirchen: viertausend Betten für an Flecktyphus, Cholera und Ruhr erkrankte Soldaten der Karpatenfront.

Vergeblich versuchte die besorgte Mutter, Edith unter Hinweis auf die bei Frontsoldaten meist massenhaft anzutreffenden Kleiderläuse von der gefährlichen Tätigkeit abzuhalten. Zum ersten Mal traf sie eine Entscheidung gegen den ausdrücklichen Willen der Mutter. Die Arbeit in Mährisch-Weißkirchen war hart und häufig deprimierend, aber Edith hat dort im Umgang mit dem geballten menschlichen Leid wohl einiges gelernt, was ihr kein philosophisches Buch und keine hochgeistige Diskussion geben konnte. Auf der Typhusstation forderten die üblichen Komplikationen wie Lungen- oder Rippenfellentzündungen mehr Opfer als der Typhus selbst. Viele Soldaten hatten aus dem mörderischen Winter in den Karpaten außerdem erfrorene Füße mitgebracht.

Der ständige Kampf mit dem Tod zehrte an den Nerven der 24jährigen Rotkreuzhelferin. Die schweren Typhusinfektionen griffen – vor allem, wenn eine Lungenentzündung dazukam – das Herz an, oft mußte man bei drohendem Herzstillstand regelmäßig jede Stunde eine Kampferspritze geben. Und wenn sich so ein armer Teufel dann wieder zu erholen begann, hatten die Helferinnen aufzupassen, daß er mit seinem geschwächten Herzen nicht zu früh aufstand und herumwanderte – und dem Nachbarn ein Stück Brot klaute. Denn ein einziger harter Bissen konnte lebensgefährlich sein, wenn er die vom Fieber entzündete Darmschleimhaut durchstieß und zu einer Bauchfellentzündung führte.

Eines Nachts, so berichtet Edith mit köstlichem Humor, wollte ihr ein im Delirium befindlicher Patient ständig davonlaufen. „Es blieb mir nichts übrig als ihn festzubinden. Ich spannte ein Leintuch über das ganze Bett und knüpfte die Zipfel an den Bettpfosten fest. Der unruhige Kranke guckte nur noch mit dem Kopf heraus, war aber sonst gefangen. Allerdings, wenn er eine Zeit lang gearbeitet hatte – es war ein starker Mann –, dann lockerten sich die Knoten, und ich mußte die Arbeit von neuem beginnen." Der Arzt vom Nachtdienst entsetzte sich, daß Edith mit dem schwer zu bändigenden Kranken allein war; er gab ihm eine Morphiumspritze, erzielte damit aber eine unbeabsichtigte Wirkung: „Der Mann lag allerdings jetzt friedlich da, aber er fing an, laut zu singen, und weckte mir damit die andern auf. Sie sagten am nächsten Morgen, es sei so gemütlich gewesen, wie die Schwester am Bett saß und Wiegenlieder gesungen wurden."

Von solchen komischen Begebenheiten sollten wir uns genausowenig täuschen lassen wie von der Tatsache, daß sich Edith Stein während ruhiger Nachtdienststunden natürlich wieder mit Büchern beschäftigte. Husserls „Ideen" hatte sie mitgebracht und Homers Epen. Der Dienst im Seuchenlazarett war kein Honiglecken. Betroffen hat sie so erschütternde Erfahrungen festgehalten wie den Tod eines Patienten, dem sie ein paar Nächte lang mit der schon erwähnten Kampferspritze das verflackernde Leben erhalten konnte, bis das Herz schließlich doch versagte. „Als ich die paar Habseligkeiten ordnete, fiel mir aus dem Notizbuch des Verstorbenen ein Zettelchen entgegen: es stand ein Gebet um Erhaltung seines Lebens darauf, das ihm seine Frau mitgegeben hatte. Das ging mir durch und durch."

„Im Siegesjubel", so gesteht sie, habe sie den Vormarsch der deutschen Armeen durch Frankreich verfolgt und ihre Positionen mit bunten Stecknadelköpfen auf der Landkarte markiert. Empört sei sie gewesen, wenn ernüchterte Soldaten – die an der Front bereits Niederlagen und Rückzüge miterlebt hatten – ihre aktuellen Freudenbotschaften nicht so recht glauben mochten. Aber sie ist auch so frei, den als Grußformel verwendeten Fluch „Gott strafe England!" schlicht „fürchterlich" zu nennen und die deutschen Landsleute als schwierige, anspruchsvolle Patienten zu charakterisieren – im Gegensatz zu den Slowaken und Ruthenen.

Mit den beamteten Glaubensverkündern machte sie auch hier keine guten Erfahrungen. In Göttingen, so notiert sie, habe sie Ehrfurcht vor gläubigen Menschen und Respekt vor Glaubensfragen gelernt, sie sei mit ihren Freundinnen manchmal in eine protestantische Kirche gegangen, habe sich dort aber von der Vermischung von Politik und

Religion in den Predigten abgestoßen gefühlt. Nun mußte sie erneut einen nicht gerade überzeugenden Feldgeistlichen in Uniform erleben, der ab und zu durch die Reihen der Betten ging: „Ich muß sagen, daß er wenig vertrauenerweckend aussah; ich habe auch nicht bemerkt, daß er sich längere Zeit bei jemandem aufgehalten hätte."

Assistentin eines chaotischen Genies

Es traf sich gut, daß das Lazarett noch im selben Jahr 1915 aufgelöst wurde und Edith trotz ihrer Bereitschaft dazu keine Einberufung mehr zum Krankenpflegedienst erhielt. Denn im darauffolgenden Jahr folgte Edmund Husserl einem Ruf von Göttingen nach Freiburg und wählte als Assistentin seine offensichtlich begabteste Schülerin: Edith Stein. Sie war noch mit der Doktorarbeit beschäftigt, die sie bereits im fünften Semester begonnen hatte.

Die ehrgeizige Studentin hatte sich dabei zum Ziel gesetzt, eine Lücke im Gedankengebäude des verehrten Professors zu füllen: Husserl vertrat die Ansicht, daß die Außenwelt verläßlich nur „intersubjektiv", das heißt durch mehrere Individuen erfahren werden könne, die sich über ihre Wahrnehmungen verständigten. Diese Erfahrung nannte er „Einfühlung", ohne diesen Begriff genauer zu definieren. Was lag näher für sie, als Husserl mit ihrer Dissertation die nötige Zuarbeit zu leisten? Das gestellte Thema hieß: „Das Einfühlungsproblem in seiner historischen Entwicklung und in phänomenologischer Betrachtung".

Wenn zum Beispiel ein Freund zu mir kommt, erläutert Edith Stein, und ich gewahre seinen Schmerz, so ist das mehr als eine bloß äußere Wahrnehmung. Erfahren wird fremdes Bewußtsein, fremdes Erleben bekundet sich plötzlich in meinem eigenen Erleben. Eine fremde Stimmung, ein fremder psychischer Zustand ist mir freilich nie so innerlich, unmittelbar, ursprünglich gegeben wie mein eigenes Erleben. Aber es ist möglich, sie zu erfahren, weil nicht nur die eigenen Ideen oder Impressionen gegeben sind (wie es etwa der Positivismus à la Hume annimmt), sondern die Sachen (eine Grundvoraussetzung der Phänomenologen).

Edith Stein untersucht nun, wie der Mensch beschaffen sein muß, damit ich zu ihm einen Zugang gewinnen kann. Wie verhalten sich meine unmittelbaren, „reinen" Erlebnisse zu denen, die ich mir erst auf dem Umweg über mein Bewußtsein zu eigen mache? Welche Rolle spielen Seele und Geist dabei? Die menschliche Person ist letztlich mit dem Geist zu identifizieren. Indem ich übrigens fremdes Seelenleben als „meinesgleichen" auffasse, lerne ich auch mich selbst als Objekt zu betrachten, gleichsam von einem Standpunkt außerhalb meiner selbst. Solche „Einfühlung", auf mich selbst bezogen, kann ein nützliches Korrektiv sein, um der Täuschungsmöglichkeit zu entgehen, die in der inneren Wahrnehmung liegt. Edith Stein: „Es ist möglich, daß ein anderer mich ‚richtiger beurteilt' als ich mich selbst und mir Klarheit über mich selbst verschafft. Er bemerkt z. B., daß ich Beifall suchend um mich sehe, indem ich eine Wohltat erweise, während ich selbst aus reiner Barmherzigkeit zu handeln meine. So arbeiten Einfühlung und innere Wahrnehmung Hand in Hand, um mir mich selbst zu geben."

So gesehen, hat sie die Beschäftigung mit dem Problem der „Einfühlung" auch ein Stück weit auf dem Weg zum Glauben geführt. Kann uns doch die Einfühlung in andere Naturen zeigen, was in uns selbst schlummert, Werte und Persönlichkeitsschichten, für deren Entfaltung unser Erleben noch keine Gelegenheit geboten hat. Noch ein Zitat aus der Dissertation: „Ich kann selbst ungläubig sein und doch verstehen, daß ein anderer alles, was er an irdischen Gütern besitzt, seinem Glauben opfert. Ich sehe, daß er so handelt und fühle ihm als Motiv seines Handelns ein Wertnehmen ein, dessen Korrelat mir nicht zugänglich ist, und schreibe ihm eine personale Schicht zu, die ich selbst nicht besitze. So gewinne ich einfühlend den Typ des ‚homo religiosus', der mir wesensfremd ist, und ich verstehe ihn, obwohl das, was mir dort neu entgegentritt, immer unerfüllt bleiben wird." Was sie zum Schluß sagt, klingt fast wie ein persönliches Bekenntnis: „Indem wir einfühlend auf uns verschlossene Wertbereiche stoßen, werden wir uns eines eigenen Mangels oder Unwerts bewußt."

Husserls verständnisvollste Schülerin promovierte selbstverständlich summa cum laude, mit höchster Auszeichnung. In diesen Monaten vertrat sie so nebenbei auch noch einen erkrankten Oberlehrer am Breslauer Realgymnasium. „Völlig unbeschwert durch irgendwelche Vorbildung", stellt sie mit verwegenem Selbstbewußtsein fest, habe sie sich an diese Aufgabe gemacht. Schlagendes Beispiel für ihre Unbekümmertheit: Ihre Lehrprobe in Latein legte sie erst schriftlich nieder, als sie die Stunde bereits gehalten hatte. „Es vorher zu tun, wie es Vorschrift war, brachte ich nicht fertig. Ich sagte, das käme mir vor, als ob man eine Liebeserklärung vorher aufsetzen würde."

Die Berufung zu Husserls Assistentin brachte der 25jährigen nicht nur frühen Ruhm, sondern vor allem eine wahre Herkulesarbeit. Ihre Hauptaufgabe bestand darin, die Manuskripte ihres Professors zu sichten und zu ordnen und das Rohmaterial seines neuen Buches für den Druck vorzubereiten. Nichts leichter als das, möchte man meinen. Doch Husserl pflegte seine Gedankensplitter und Argumentationsketten noch im Stadium des Entstehens stenographisch festzuhalten und irgendwo auf einem Papierberg abzulegen. Edith Stein fand Zehntausende solcher Manuskriptblätter vor, riesige Zettelstöße, noch dazu bekritzelt in der traditionellen Gabelsberger-Kurzschrift, die sie erst lernen mußte.

Verblüfft stehen wir vor dem Phänomen, daß es der jungen Frau tatsächlich gelang, in diesen Wust wild durcheinandergeworfener Geistesblitze Ordnung und System zu bringen. Mit sicherem Blick für die Ideen ihres Lehrers schied sie Unwichtiges vom Wesentlichen, sonderte Wiederholungen aus, zog geduldig einen roten Faden durch das kaum überblickbare Labyrinth.

Im Husserl-Archiv der Universität Löwen hat man Edith Stein später in einer exakten Bestandsaufnahme die Numerierung, Gliederung, teilweise auch Ergänzung und präzise

Ausarbeitung (mit Randbemerkungen) von 57 Manuskripten Husserls und die entscheidenden Vorarbeiten zum zweiten Band seiner epochalen Studie „Idee zu einer reinen Phänomenologie" zugeordnet. Allein für dieses letztgenannte Buch waren zwei Ausarbeitungen auf rund tausend großformatigen Blättern notwendig; insgesamt hat Edith Stein für den zweiten Band der „Ideen" 9669 Manuskriptblätter Husserls ausgewertet, viele davon zweiseitig beschrieben.

Ohne diese kongeniale Assistentin wäre das Buch, das Philosophiegeschichte machen sollte, gar nicht denkbar gewesen, urteilt Professor Ingarden. Denn Husserl war in seiner Manuskriptarbeit nicht gerade diszipliniert. Er arbeitete ein paar Tage an seinem Material, dann begann es ihn zu langweilen, und er ließ es wochen- und monatelang liegen.

Wie eine kalte Dusche mußte es auf die bienenfleißige Assistentin wirken, wenn sie diesem zerstreuten Genie ein mühsam geordnetes, sauber abgetipptes Manuskript auf den Schreibtisch legte und Husserl dazu nur den knappen Kommentar abgab: „Verbrennen!"

Husserl mochte seine junge Kollegin gern (ins Lazarett hatte er ihr lange, rührende Briefe geschrieben) und schätzte ihr Talent; sie müsse unbedingt so lange bei ihm bleiben, bis sie heirate, hatte er einmal halb im Scherz verlangt, und dann dürfe sie nur einen Mann erhören, der ebenfalls sein Assistent werden könne. Aber als Partnerin fühlte sie sich von ihm einfach nicht ernst genommen. Zu fruchtbarer Zusammenarbeit war Husserl ohnehin nicht fähig. „Er beschäftigt sich immer mit einzelnen Fragen", so klagt sie Ingarden ihr Leid, „und erstattet mir darüber auch getreulich Bericht, aber er ist nicht dazu zu bewegen, einmal die Ausarbeitung anzusehen, die ich ihm aus seinen alten Materialien mache, damit er den Überblick über das Ganze wieder bekommt, den er verloren hat."

Und dann, wenn schon einmal ein Gespräch zwischen Husserl und seinen Mitarbeitern zu Hause in der gemütlichen Sofaecke in Gang gekommen war, trat bestimmt seine Frau Malwine ein („ihre Stimme", so charakterisiert sie Edith, „klang etwas scharf und hart und immer so, als ob sie einem zu Leibe rücken wollte") und störte die Runde. Sie betrachtete die Philosophie leider als ganz persönliches Unglück ihres Lebens und pflegte die Hörer in den Vorlesungen ihres Mannes zu zählen.

Kein Wunder, daß Edith Stein allmählich die Lust an dieser nervtötenden Arbeit verlor, zumal sie ja auch noch die Freiburger Studenten in Proseminaren in die phänomenologische Methode einzuführen hatte (Husserl selbst kam nicht auf die Idee, den Anfängern das Verstehen seiner Gedankenwelt zu erleichtern) und intensiv mit eigenen wissenschaftlichen Arbeiten beschäftigt war.

Der Tod ist keine Grenze mehr

Gegen Ende des Kriegsjahres 1917 bekam der Freiburger Kreis um Husserl die schockierende Nachricht, der junge Adolf Reinach sei in Flandern gefallen. Edith Stein erhielt den Auftrag, seinen philosophischen Nachlaß zu ordnen, wozu sie natürlich gern bereit war – aber sie stand schreckliche Ängste vor dem Wiedersehen mit Reinachs Witwe aus. Sie erwartete eine in Tränen aufgelöste, verbitterte, zutiefst verzweifelte Frau. Wie sollte sie da trösten, sie, die Ungläubige, die sich nirgends so hilflos fühlte wie gegenüber dem Tod und dem dunklen Nichts danach?

Doch die gefürchtete Begegnung wurde zu einem der beglückendsten Augenblicke ihres Lebens. Frau Reinach war in all ihrem Schmerz von einem sieghaften, starken Glauben erfüllt. Zum ersten Mal erlebte Edith Stein eine Gewißheit, die sogar über die Barriere des Todes hinaus zu tragen vermochte, eine Liebe, die der menschlichen Existenz einen unzerstörbaren Sinn gab.

„Es war dies meine erste Begegnung mit dem Kreuz und der göttlichen Kraft, die es seinen Trägern mitteilt", gestand sie später. „Ich sah zum erstenmal die aus dem Erlöserleiden Christi geborene Kirche in ihrem Sieg über den Stachel des Todes handgreiflich vor mir. Es war der Augenblick, in dem mein Unglaube zusammenbrach, das Judentum verblaßte und Christus aufstrahlte: Christus im Geheimnis des Kreuzes."

Das Gespräch mit der Witwe war wie ein Blitzstrahl gewesen, der den Nebel ihrer verzweifelten Skepsis zerteilt hatte. Sie konnte jetzt nicht mehr weiterleben wie bisher. Edith Stein hatte noch lange nicht zum Glauben gefunden. Aber sie gestand sich nun endlich ein, daß sie sich brennend wünschte, glauben zu können. „Meine Sehnsucht nach Wahrheit war ein einziges Gebet", sagt sie von dieser Zeit.

Sie begann im Neuen Testament zu lesen, dachte über den Freitod eines Bekannten nach und ließ in ihren Briefen Töne anklingen, die man so noch nicht von ihr gehört hatte. „Ich möchte Euch so gerne etwas von dem einflößen, was mir nach jedem neuen Schlage wieder frische Kraft gibt", schrieb sie ihrer Schwester Erna. „Ich kann nur sagen, daß ich nach allem, was ich im letzten Jahr durchgemacht habe, das Leben stärker bejahe als je ... Man muß sich nur nicht auf das Stückchen Leben beschränken, das man selbst übersieht, und gar auf das, was deutlich greifbar an der Oberfläche liegt."

Damit bezog sich Edith Stein in erster Linie auf Umbrüche im geistigen Leben ihrer Epoche. In der Philosophie, in der expressionistischen Kunst beginne sich ein neuer Geist durchzusetzen, und auch in den politischen und sozialen Kämpfen spüre man den Willen zur Überwindung des „Materialismus". Aus solchen positiven Tendenzen bezog Edith ihre neu erwachte Zukunftshoffnung. Ängste und Depressionen waren dadurch freilich nicht verschwunden. Sie sehnte sich nach der letzten Gewißheit, nach einem Leben aus der Tiefe und mußte sich enttäuscht ihre Unfähigkeit eingestehen, rückhaltlos und ohne Bedingungen zu lieben. Sie hungerte nach dem Glaubenkönnen und scheute vor konsequenten Schritten zurück. Aber gerade in dieser Sackgasse scheint sie die Kraft einer Liebe erfahren zu haben, die menschliche Abwehr und Verhärtung gleichsam „überlisten" kann, wie sie es später in einem originellen theologischen Gedankengang formulieren sollte:

Die Gnade, so schreibt sie in einer Studie über die Struktur der menschlichen Person, könne in der Seele keine Stätte finden, wenn sie nicht frei darin aufgenommen werde. Diese harte Wahrheit bedeute die prinzipielle Möglichkeit, sich von der Erlösung auszuschließen. Aber: „Sie besagt *nicht* eine Grenze der göttlichen Barmherzigkeit." Die Gnade könne sich sozusagen in die Seele „einschleichen", und dann sei es höchst unwahrscheinlich, daß die Seele sich ihr weiter verschließe. Und noch einmal ganz klar: „Die menschliche Freiheit kann von der göttlichen nicht gebrochen und nicht ausgeschaltet, wohl aber gleichsam überlistet werden. Das Herabsteigen der Gnade zur menschlichen Seele ist freie Tat der göttlichen Liebe. Und für ihre Ausbreitung gibt es keine Grenzen."

Ediths selbstkritisches Nachdenken über das Liebenkönnen führt uns zu einer weiteren Lücke in ihren Lebensbeschreibungen: Die Frage, ob die junge Frau jemals verliebt war, wird offenbar als so unpassend empfunden, daß sie meist gar nicht erst gestellt wird. Als ob die Zuneigung zwischen Menschen ein Hindernis für einen Heiligenschein sein könnte. Obwohl sie auf den erhaltenen Photographien manchmal etwas finster blickt, war Edith kein unansehnliches Mädchen – große, wache Augen, eine zarte Figur, sicheres Auftreten – und mit ihrem sprühenden Intellekt für die Mitstudenten und Kollegen an der Universität gewiß begehrenswert.

In der Tat gesteht sie im Rückblick auf ihre Zeit als Krankenschwester und Doktorandin: „Bei aller Hingabe an die Arbeit trug ich doch die Hoffnung auf eine große Liebe und glückliche Ehe im Herzen ... Es kam vor, daß mir unter den jungen Menschen, mit denen ich zusammenkam, einer sehr gut gefiel und daß ich ihn mir als den künftigen Lebensgefährten dachte. Aber davon merkte kaum jemand etwas, und so mochte ich den meisten Menschen kühl und unnahbar erscheinen."

Zudem ließ Edith Stein nie einen Zweifel daran, daß sie ihren Beruf „um keinen Preis", wie sie sagt, einer Ehe opfern würde. Eine erstaunlich selbstbewußte Haltung zu einer Zeit, als die meisten Frauen noch tief im Versorgungsdenken steckten und eine dienende Rolle als Hausmütterchen durchaus normal und erstrebenswert fanden.

Ob man die versteckten Andeutungen in einem erst verhältnismäßig spät aufgetauchten Brief wirklich als offene Liebeserklärung für den schon erwähnten Studienfreund Hans Lipps werten kann, wie es der holländische Karmelit Romaeus Leuven tut (ein exzellenter Kenner ihres Lebens und der einzige, der sich bisher mit dieser Frage auseinandergesetzt hat), sei dahingestellt. Auf jeden Fall hat sie Lipps, den glühenden Pazifisten, sehr gern gehabt. Und wir hören ganz leise einen Jugendtraum vom gemeinsamen Lebensweg anklingen, wenn sie später als Ordensfrau an Lipps schreibt (auch dieses Dokument tauchte erst nach geraumer Zeit im Kölner Karmel auf): „Nun ist es zu spät, denn jetzt hat ein Anderer für immer die Hand auf mich gelegt." Wenige Jahre später fiel Hans Lipps an der Ostfront. Er hinterließ zwei Töchter, seine Frau war sehr früh gestorben.

„Eine Professur ist nichts für Frauen"

So vieles war unklar, trotz der in langen Kämpfen gewonnenen Richtung für ihr Leben. Sollte sie die unbefriedigende Zuarbeit für ihren Professor weiterführen? Hatte es einen Sinn, sich um die Habilitierung in Göttingen zu bemühen? Husserl war da ein schlechter Ratgeber (und ein eigennütziger dazu, schließlich hätte er seine Assistentin ungern verloren): Einmal äußerte er sich ganz im Einklang mit der herrschenden Meinung, eine Professur sei nichts für Frauen, punktum. Dann wieder schrieb er ihr eine blendende Empfehlung: „Fräulein Dr. Stein hat in der Philosophie eine weite und tiefe Bildung gewonnen, und ihre Fähigkeiten für selbständige wissenschaftliche Forschung und Lehre sind außer Frage. Sollte die akademische Laufbahn für Damen eröffnet werden, so könnte ich sie an allererster Stelle und aufs wärmste für die Zulassung zur Habilitation empfehlen."

Der salomonische Schlußsatz spricht freilich für sich. So weit wollten die alten Herren an den Hochschulen den selbstbewußt gewordenen Damen denn doch nicht entgegenkommen. Edith Steins Bewerbung um die Habilitation wurde 1919 abgelehnt, und zwar in einem Schnellverfahren, das sie zutiefst verletzen mußte. „Die Sache ist gar nicht vor die Fakultät gekommen, sondern in aller Stille erledigt worden", notiert sie enttäuscht. Eine Vorkommission habe beschlossen, die von ihr eingereichte Arbeit gar nicht erst zu prüfen, „da die Habilitation von Damen noch immer Schwierigkeiten mache" und Edith Steins Methode die in Göttingen betriebene Psychologie zu sehr angreife.

Wie sehr sie diese Abfuhr getroffen haben muß, sehen wir daran, daß sie wenige Wochen später eine Eingabe beim zuständigen Minister in Berlin machte: Die Zugehörigkeit zum weiblichen Geschlecht dürfe kein Hindernis für eine wissenschaftliche Laufbahn darstellen. Der Minister stimmte ihr zu, an die Universitäten ging ein entsprechender Erlaß heraus. Edith versprach sich allerdings keine praktische Wirkung von ihrem Schritt. „Das war nur ein Nasenstüber für die Göttinger Herrn", erläuterte sie einem Studienfreund. Sie unternahm vorläufig keinen weiteren Habilitationsversuch mehr, sondern machte sich kurzentschlossen selbständig: In ihrer Wohnung begann sie philosophische Einführungskurse zu geben (mit gutem Erfolg, mehr als fünfzig Hörer fanden sich ein), und an der Breslauer Volkshochschule hielt sie Vorlesungen über ethische Grundfragen.

Die Schwierigkeiten mit Professor Husserl hatten mittlerweile ein unerträgliches Maß erreicht. Edith wehrte sich entschieden dagegen, sich noch länger als akademische Dienstmagd mißbrauchen zu lassen. Zu Arbeiten, deren Sinn ihr nicht einleuchte, sei sie nicht bereit, erklärte sie ganz offen: „Im Grunde ist es der Gedanke, jemandem zur Verfügung zu stehen, den ich nicht vertragen kann. Ich kann mich in den Dienst einer *Sache* stellen, und ich kann einem Menschen allerhand zu Liebe tun, aber im Dienst eines Menschen stehen, kurz gesagt, gehorchen, das kann ich nicht. Und wenn Husserl sich nicht wieder daran gewöhnt, mich als Mitarbeiterin an der Sache zu behandeln, wie ich unser Verhältnis immer angesehen habe und er in der Theorie auch – so werden wir uns eben trennen müssen."

Wir wissen bereits, daß Edith Stein phasenweise zu Minderwertigkeitsgefühlen, Selbstzweifeln und depressiven Verstimmungen neigte. Aber im Grunde war sie sich doch klar darüber, was ihre Arbeit wert war. Emsig schrieb sie in jenen Jahren an Abhandlungen zur philosophischen Begründung der Psychologie und der Geisteswissenschaften, die im von Husserl herausgegebenen „Jahrbuch für Philosophie und phänomenologische Forschung" erschienen.

In ihrer Arbeit „Psychische Kausalität" kämpft sie gegen die Meinung an, die Psyche sei lediglich kausalen Gesetzen und Zwängen unterworfen. Für Edith Stein gibt es durchaus so etwas wie Willensfreiheit und eine ursprüngliche persönliche Anlage, die den Mechanismen des psychischen Geschehens entzogen sei. Die individuelle Psyche beziehe ihre Kraft auch aus der „Welt der Werte", aus der Geisteskraft anderer Individuen – und aus dem göttlichen Geist. „Die Motivation", so lautet eine ihrer Erkenntnisse, „unterwirft die Psyche der Herrschaft der Vernunft."

Auch in der Abhandlung „Individuum und Gemeinschaft" geht es um die Eingliederung der individuellen Psyche in den Zusammenhang der geistigen Welt. Der *Gesellschaft,* wo eine Person die anderen eher als Objekte betrachtet, sie „planmäßig behandelt" und ihnen die gewünschten Wirkungen zu entlocken sucht, stellt sie die *Gemeinschaft* gegenüber, wo Subjekte aufeinandertreffen, wo der eine Mensch dem andern nicht gegenübersteht, sondern mit ihm lebt und zur Solidarität fähig ist. Während die Individuen in der „Masse" in ihrem eigenen Erleben aufgehen, sind ihnen in der Gemeinschaft die anderen als Gefährten ihres Lebens mitgegeben. Gemeinschaft bedeutet eine „qualitative Einheit" dieses Zusammenlebens.

In einem geistigen Klima, das noch von den Erschütterungen des Ersten Weltkriegs nachzitterte, begann sie mit ihrer grundsätzlichen „Untersuchung über den Staat", die 1924 im schon erwähnten „Jahrbuch" publiziert werden sollte. „Die Völker Europas, die im Weltkrieg auf Leben und Tod miteinander gerungen haben, sind miteinander gestürzt", so formulierte sie ein Jahrzehnt später noch einmal ihren Ausgangspunkt, „und bei allen schaffen die harten Tatsachen der Not der Einsicht Raum, daß sie nur miteinander wieder einen Aufstieg ermöglichen können."

Edith Steins große Abhandlung über den Staat führt den Gedanken weiter, den wir schon aus ihren philosophisch-psychologischen Arbeiten kennen: Eine Gemeinschaft kann sich nicht nur auf ein autoritär entscheidendes Zentrum stützen, Struktur und Qualität des Gemeinschaftslebens werden vielmehr von dessen einzelnen Trägern bestimmt. Anders als viele ihrer Zeitgenossen, die von einem starken Mann träumten und sich eine Politik mit eiserner Faust wünschten, plädierte die junge Wissenschaftlerin auch in ihrer neuen Studie für einen Staat als Gemeinschaft von Individuen, in der jedes Glied Mitverantwortung trage.

Während sie allerdings später, ein Jahr vor Hitlers Machtergreifung, für eine durchgreifende Demokratisierung eintrat und eine gründliche politische und soziale Schulung zur Vorbereitung auf die staatsbürgerlichen Pflichten für alle forderte, bekundete sie damals, Anfang der zwanziger Jahre, noch gewisse Reserven gegenüber der Demokratie. Einheit und Geschlossenheit des Staates scheinen ihr am besten in einer absoluten Monarchie gesichert – allerdings nur solange die Staatsgeschäfte überschaubar blieben. In der Demokratie dagegen sei der Idee nach der Bestand des Staates am sichersten begründet; „aber die Anforderungen, die sie an die Gesamtheit der Staatsbürger stellt, sind – an der durchschnittlichen Beschaffenheit der Menschen gemessen – so hoch gespannt, daß ihre Erfüllung stets sehr unwahrscheinlich und die Gefahr der Entartung gerade bei dieser Staatsform sehr groß ist". Souverän sei ohnehin immer nur der Staat, nicht aber die Inhaber der Staatsgewalt, sei das nun ein Monarch oder das gesamte Volk.

Für Edith Stein ist der Staat eine natürliche Größe, er verdankt seinen Ursprung nicht etwa einem Vertrag; um sich selbst konstituieren oder Recht setzen zu können, braucht der Staat jedoch die freie Zustimmung aller betroffenen Personen. Alle, die diesem sozialen Gebilde angehören, müssen „in irgendeiner Form" an solchen Entscheidungen beteiligt sein. Das ist wichtig. Von daher kommt die von Haus aus recht konservative Philosophin nämlich zu einem sehr progressiven Widerstandsrecht: Falls es keine Kontrolle der Staatsleitung und ihrer Organe zum Schutz vor Rechtsbrüchen gebe, sei Gehorsamsverweigerung legitim. Ja, die Auflehnung gegen eine bestehende Staatsordnung und das Hinarbeiten auf eine neue könne durchaus im Interesse des Staates selbst sein, „sofern dadurch auf einen Zustand hingearbeitet wird, in dem er besser gegen Rechtsbrüche gesichert wäre".

Am Ende ihrer Untersuchung stellt sie ethische Normen für den Staat auf: Er soll Werte realisieren, in erster Linie die Gerechtigkeit, aber auch die Persönlichkeitsentfaltung seiner Bürger. Über allen staatlichen Ansprüchen steht als höchste Norm Gott (und das ist bedeutsam für ihre spätere Ablehnung des Nazi-Staates). „Jeder Mensch untersteht zunächst und vor allem dem höchsten Herrscher, und daran kann kein irdisches Herrschaftsverhältnis etwas ändern."

Für einen unsozialen Individualismus hat Edith Stein also offenbar ebensowenig übrig wie für die Mißachtung der Bürgerrechte durch einen autoritären Führerstaat, wie er in Deutschland bald Wirklichkeit werden sollte. Dennoch hat man zu Recht auch Kritik geübt an ihrer Studie – etwa an ihrem einseitig psychologischen Blickwinkel, an ihrer Beschränkung auf deutsche Verhältnisse und am Verzicht auf jede Auseinandersetzung mit dem Völkerrecht. Eine fast mythische Überhöhung von Staat und Volksgemeinschaft berührt uns heute, nach den Erfahrungen der jüngsten Geschichte, besonders unangenehm.

„Das ist die Wahrheit!"

Über jene aufwühlenden inneren Prozesse, die wir unter dem Begriff „Bekehrung" in eine mit liebgewordenen Legenden gefüllte Schublade abzulegen pflegen, haben sich die großen Gestalten des Glaubens immer nur sehr sparsam geäußert. Zu intim sind die Erfahrungen, um die es hier geht. Wenn man liebt, erzählt man keine langen Geschichten, wann und wie das angefangen hat. Meist weiß man auch gar nicht präzise zu begründen, warum man diesen Partner gewählt hat und keinen anderen.

Mit den Liebesgeschichten zwischen Gott und uns Menschen verhält es sich nicht anders. Wir haben begriffen, daß er uns liebt, wir schenken ihm unsere Sehnsucht und unser armseliges Herz, und das genügt. Nur das wird an unzähligen Heiligenviten und Lebensgeschichten klar: Der berühmte Blitzstrahl von oben, der unwiderstehliche Einbruch Gottes in ein Menschenleben ist in der Regel nur der Abschluß einer langen, oft schmerzhaften und konfliktreichen Entwicklung, der Stein, der die längst aufgetürmte Lawine ins Rollen bringt.

Als die junge Wissenschaftlerin irgendwann im Sommer 1921 ein ganz bestimmtes Buch in die Hand bekam und nach einer Nacht besessener Lektüre beglückt feststellte, die Wahrheit gefunden zu haben – als jene einzige Nacht ihr ganzes Leben umkrempelte, da waren natürlich auch zahllose kleine Schritte, tapfere Bemühungen, zaghafte Annäherungen und intellektuelle Mutproben vorausgegangen.

Vor allem die Erfahrungen kraftvollen Alltagsglaubens haben ihr offensichtlich zu denken gegeben, Erfahrungen wie diese nach einem Besuch des Frankfurter Domes notierte: „Wir traten für einige Minuten in den Dom, und während wir in ehrfürchtigem Schweigen dort verweilten, kam eine Frau mit ihrem Marktkorb herein und kniete zu kurzem Gebet in einer Bank nieder. Das war für mich etwas ganz Neues. In die Synagogen und in die protestantischen Kirchen, die ich besucht hatte, ging man nur zum Gottesdienst. Hier aber kam jemand mitten aus den Werktagsgeschäften in die menschenleere Kirche wie zu einem vertrauten Gespräch. Das habe ich nie vergessen können."

Noch als Atheistin hatte sie sich die Exerzitienanleitung des heiligen Ignatius, des Jesuitengründers, gekauft – aus rein psychologischem Interesse, versteht sich. Aber wie sie dann Pater Przywara erzählte, habe sie damals schon begriffen, so etwas könne man im Grunde gar nicht lesen, sondern nur tun. Am Ende der Lektüre (die „Großen Exerzitien" sind auf dreißig Tage angelegt) sei sie eigentlich schon zur Konversion entschlossen gewesen.

Doch vor dem entscheidenden Schritt war sie zu jener Zeit noch zurückgeschreckt. „Die Glaubensbotschaft kommt zu vielen, die sie nicht annehmen", sinniert sie am

Ende ihres Lebens in ihrem letzten Buch „Kreuzeswissenschaft", als könne sie ihr eigenes langes Zögern immer noch nicht verstehen. „Es können dabei natürliche Beweggründe mitspielen, aber es gibt auch Fälle, in denen ein geheimnisvolles Nicht-können zugrunde liegt: die Gnadenstunde ist noch nicht gekommen."

Jene Stunde, um bei ihrem Bild zu bleiben, schlug während eines Ferienaufenthalts auf dem Obstgut des mit ihr befreundeten Ehepaars Conrad-Martius in Bergzabern. Eines Abends im Sommer 1921, die beiden waren nicht daheim, und Edith langweilte sich, griff sie aufs Geratewohl nach einem Buch im Regal und stieß auf die Autobiographie der heiligen Teresa von Ávila, der ebenso energischen wie mystisch begabten Ordensreformerin aus dem 16. Jahrhundert.

„Ich begann zu lesen, war sofort gefangen und hörte nicht mehr auf bis zum Ende. Als ich das Buch schloß, sagte ich mir: ‚Das ist die Wahrheit!'"

Punkt, fertig. Das ist die ganze Information, die sie uns über diese entscheidende Nacht hinterlassen hat. Wir können nur vermuten, was sie in diesen Stunden endgültig begriffen hat und wie überwältigend diese Erkenntnis gewesen sein muß. Hat sie sich in der Mystikerin Teresa selbst wiedererkannt? Fand sie hier endlich die überzeugende Antwort auf ihre Frage nach der Mitte des Menschen und nach dem Ziel all seiner Sehnsüchte?

„O langwieriges und peinliches Leben! O Leben, in dem man nicht lebt, in dem sich lauter Verlassenheit findet und nirgends Hilfe." Teresas triste Bilanz muß ihr vorgekommen sein wie ihr eigenes Tagebuch. „Ich sehnte mich nach Leben, denn ich sah sehr wohl, daß ich nicht lebte, sondern mit einem Todesschatten kämpfte." Doch dann hatte diese Teresa einen Gott entdeckt, den sie respektvoll „Majestät!" nennt und mit dem sie doch umgehen kann wie mit einem Freund. Und was das Wichtigste ist: Der Mensch braucht keine intellektuellen Höhenflüge zu unternehmen oder mit mystischen Übungen einen Engel aus sich zu machen, um Gott zu erreichen; er findet ihn in seinem eigenen Innern und wird erkennen, daß Gott „jederzeit zu sprechen“ ist.

Das war nun tatsächlich die Antwort. Mit all ihren Forschungen und Studien hatte sie immer nur Details erreicht, immer nur ein Stückchen vom Leben und von der Wahrheit. Doch der Glaube, so formulierte sie es in ihrem philosophischen Hauptwerk „Endliches und ewiges Sein“, „will mehr als einzelne Wahrheiten von Gott, er will Ihn selbst, der *die* Wahrheit ist, den ganzen Gott, und ergreift Ihn, ohne zu sehen ...“

Und dieser Gott, der das Ganze ist, war nun mit aller Gewalt in ihr Leben hereingebrochen. Er selbst, so dürfen wir das nächtliche Erlebnis wohl interpretieren, hatte die letzten ängstlich gehüteten Barrieren beiseite geräumt. Am nächsten Morgen kaufte sich Edith Stein einen katholischen Katechismus und ein Meßbuch. Erst nachdem sie Ablauf und Gehalt des Gottesdienstes gründlich studiert hatte – da schlug nun wieder die nüchterne Wissenschaftlerin durch –, wagte sie sich zum ersten Mal in eine Eucharistiefeier. Als der Gottesdienst zu Ende war, kam sie in die Sakristei und bat den Priester um die Taufe.

Der etwas verwirrte Geistliche machte seine Besucherin darauf aufmerksam, daß so ein Entschluß gewissenhaft bedacht sein müsse und einer längeren Vorbereitungszeit bedürfe. Edith Stein blieb hartnäckig: Er solle doch auf der Stelle ihr Glaubenswissen prüfen. Das Gespräch beeindruckte den geistlichen Herrn so, daß er ohne große Umschweife den kommenden Neujahrstag für die Taufe festsetzte.

Die Mutter bricht zusammen

Mit einer stillen Freude, ohne ihre Lebenswende hinauszuposaunen, ging Edith Stein ihrem Tauftag entgegen. Im täglichen Besuch der Messe fand sie ein Kraftzentrum, bei Teresa von Ávila fühlte sie sich immer mehr geborgen. „Es war fast wie ein Beten, nicht wie ein Lesen", sagt eine vertraute Freundin, der sie aus Teresas Werken vorlas. „Ich erinnere mich, daß sie oft sagte, sie finde das, was in diesen Büchern steht, nicht in der jüdischen Religion, die sie von Kindheit an kannte und die im Hause ihrer Mutter echt und tief gelebt wurde. Und daß sie das, was ihr dabei aufging, auch leben und tun müsse, das verlange die ewige Wahrheit, um die es gehe. Ediths Ringen begann, als sie Husserl verließ. Sie sehnte sich danach, sich der Wahrheit ganz hinzugeben, aber sie glaubte nicht, daß die Wahrheit der Wissenschaft, die sie so gut kannte, das Letzte sei, dem man sein Leben hinzugeben habe."

Über das, was in ihr vorging, sprach sie nur mit ihren nächsten Bekannten. Aber eine ganz neue Wärme, eine eigenartige Klarheit muß seit damals aus ihr gestrahlt haben. „Durchsichtig und offen gab sie sich ihren Freunden", notiert die schon erwähnte Gefährtin – eine jüdische Philosophin –, „klar überblickte sie deren Arbeit und Leben. Sie merkte nur auf, wo sie helfen konnte. Denn durch ihre eigene Offenheit öffnete sich ihr jeder. Sie übte die offenste Kritik, die nicht schmerzte, sondern half, da sie selbst sich nicht als überlegen gab." Welch ein Unterschied zu dem kapriziösen Kind, das einst in Breslau seine kleine Cousine durch sein Besserwissen so genervt hatte, daß die nur noch verzweifelt rufen konnte: „Laß mich doch auch einmal recht haben!"

Einen einzigen Menschen gab es, vor dem die zur Christin Gewordene ihr Glück geheimhalten mußte: ihre Mutter. Ausgerechnet dem Menschen, der ihr auf Erden der liebste war, bereitete sie mit ihrer Entscheidung bittere Sorgen und Gewissensqualen. Auguste Stein, wir wissen es bereits, war eine glühende Israelitin, strenggläubig, eine starke Frau alttestamentarischen Formats – obwohl tolerant und niemals fanatisch. Edith selbst berichtet, ihrer Mutter sei im jüdischen Religionsunterricht eingeprägt worden, jede Religion zu achten und gegen keine etwas Schlechtes zu sagen.

Doch der Übertritt eines Glaubensgenossen zu einem anderen Bekenntnis bedeutet für jeden überzeugten Juden etwas Fürchterliches. In der Konversion eines Juden, so hat es einer dieser Übergetretenen einmal ausgedrückt, sterbe gleichsam das ganze jüdische Volk mit ihm. In der Synagoge verrichten die frommen Juden die Totengebete, wenn einer von ihnen Christ wird.

Wohl nichts im Leben ist Edith so schwer geworden wie das Gespräch, in dem sie ihrer Mutter jetzt die Wahrheit sagte. Sie stellte sich auf eine erbitterte Auseinandersetzung ein, auf empörte Vorwürfe, sogar auf das Schlimmste: die förmliche Ausstoßung aus dem Familienverband. Frau Stein war es gewohnt, sich durchzusetzen, und sie war immer noch rüstig und temperamentvoll; noch als Achtzigjährige erledigte sie ihre sämtliche Geschäftskorrespondenz selbst und überblickte das ganze Unternehmen.

Doch was jetzt geschah, traf sie schmerzhafter, als es Strafpredigten und Beschimpfungen vermocht hätten. Edith kniete zu Füßen der alten Frau und bekannte mit liebevoller, aber fester Stimme: „Mutter, ich bin katholisch" – und Frau Stein, dieses Monument an Stärke und Selbstbeherrschung, begann hilflos zu weinen, zum ersten Mal in Gegenwart ihrer Tochter. Auch ihre Geschwister seien „wie versteinert" gewesen, berichtet ein Familienmitglied. „Für uns alle war Ediths Schritt unverständlich. Den Katholizismus kannten wir nur aus unsern Beobachtungen an der tiefstehenden Menschenklasse unserer ostschlesischen Heimat und glaubten, die katholische Religion bestehe darin, auf den Knien zu rutschen und den Priestern die Schuhe zu küssen."

In den nächsten Wochen und Monaten tat die sensible Edith alles, um ihrer Mutter das Herz leichter zu machen. An den Feiertagen ging sie mit ihr zu Fuß den weiten Weg in die Synagoge und betete dort zur Verblüffung der Mutter die jüdischen Psalmen aus ihrem lateinischen Brevier mit (das Gebetbuch der Priester liebte sie wie einen Schatz). „Solch ein Beten wie bei Edith habe ich noch nicht gesehen", mußte Frau Stein zugeben.

Doch die Kluft blieb, trotz allen Fingerspitzengefühls, das die Tochter bewies. Einer Freundin vertraute sie an, daß sie jeden Tag ganz früh am Morgen zur Messe gehe, um zurück zu sein, bevor das Haus erwache und es jemand bemerken könne. „Aber später", so fährt die Freundin fort, „sagte mir die Mutter unter bitteren Tränen, daß sie die Haustür immer habe gehen hören, so leise Edith auch war, und daß sie gewußt habe, daß nur Edith es sein könne, und daß sie nur in der Kirche gewesen sein könnte. Aber nie hatte sie ein Wort darüber an Edith verlauten lassen."

Am Fest des Juden, des Menschen Jesus, am 1. Januar 1922 (die Kirche feiert an diesem Tag seine Beschneidung), wurde Edith Stein in Bergzabern getauft. Taufpatin – ein ökumenischer Hoffnungsschimmer – war ihre evangelische Freundin, die Philosophin Hedwig Conrad-Martius. Damals schon wünschte sich Edith, der Taufe den Eintritt in den Karmelitenorden folgen zu lassen. „Aber als ich einige Monate später nach meiner Taufe zum erstenmal meiner lieben Mutter gegenüberstand", bekennt sie, „wurde mir klar, daß sie dem zweiten Schlag vorläufig nicht gewachsen sei ... es würde sie mit einer Verbitterung erfüllen, die ich nicht verantworten könnte."

2

Der Weg in die Welt

„Die heutige junge Generation ist durch soviel Krisen hindurchgegangen – sie kann uns nicht mehr verstehen, aber wir müssen versuchen, sie zu verstehen; dann können wir ihr vielleicht noch ein bißchen helfen."

An einen Ordenseintritt war aus Rücksicht auf die Mutter zunächst nicht zu denken. In das umtriebige Freiburger Universitätsleben wollte das Fräulein Doktor aber auch nicht zurück – zumindest nicht als bloße Hilfskraft. Da fand der Speyerer Generalvikar Joseph Schwind eine Lösung. Schwind war für sie so etwas wie ein Seelenführer, was er manchmal vielleicht bereut hat: „Oh, diese Philosophin!" soll er einmal händeringend ausgerufen haben, „sie kann mehr Fragen stellen, als zehn gelehrte Theologen beantworten können!" Der herzensgute Prälat Schwind hatte davon gehört, daß die Dominikanerinnen von St. Magdalena in Speyer eine Deutschlehrerin für ihr Mädchenlyzeum und gleichzeitig für ihre Lehrerinnenbildungsanstalt suchten.

Die Stelle war ideal für die 30jährige Konvertitin mit ihren Träumen vom Klosterleben (die nach Auffassung ihres Beraters freilich erst noch in Ruhe reifen sollten). Edith Stein konnte dort wie eine Nonne leben, am Gebetsleben des Klosters teilnehmen – sie legte sogar privat für sich die Ordensgelübde ab – und gleichzeitig wissenschaftlich weiterarbeiten. Auf eigenen Wunsch bezog sie nur ein winziges Gehalt, die Klosterkost und das bescheidene Zimmerchen genügten ihr.

Edith Steins pädagogisches Talent kennen wir bereits aus ihrer Studentinnenzeit. An der Breslauer Hochschule verdankte sie die wertvollsten Impulse nach eigenem Bekunden der sogenannten „Pädagogischen Gruppe", einem Arbeitskreis künftiger Lehrerinnen und Lehrer, die eine praktische Vorbereitung auf den späteren Schulalltag vermißten und sich Lehrer zu Diskussionen einluden, um diesen Mangel wettzumachen. Auch in Speyer dachte sie über notwendige Schulreformen nach.

Vor allem schärfte sie den ihr anvertrauten Pädagoginnen ein, sie müßten das Leben kennen, in das die Schülerinnen hineingingen. „Sonst ist die Gefahr groß, daß die Mädchen sich sagen: die Schwestern haben keine Ahnung von der Welt, sie haben uns auf die Fragen, die wir jetzt zu lösen haben, nicht vorbereiten können. Und daß dann alles als unbrauchbar über Bord geworfen wird." Überzeugen aber könnten die Pädagogen nicht durch abstraktes Wissen und gescheite Belehrungen, sondern nur durch ihr glaubwürdiges Leben. Edith Stein: „Die Kinder in der Schule ... brauchen nicht bloß das, was wir *haben,* sondern das, was wir *sind.*"

Lehrerin, Amateur-Sozialarbeiterin, Philosophin

Die Deutschlehrerin Dr. Stein scheint dieses Rezept nicht nur gepredigt zu haben. Ihre ehemaligen Schülerinnen charakterisieren sie als Vertrauensperson, die sie verstand und respektierte. „Meine persönlichen Ansichten und innersten Gefühle", gesteht eine, „konnte ich in den

Schülerarbeiten, die nur in ihre Hände kamen, rückhaltlos niederlegen. Ich empfand ganz tief, hier darfst du alles sagen, hier kannst du ganz offen und wahr sein, ohne mißverstanden zu werden ..."

„Für uns in jenem kritischen Alter war sie schon durch ihre Haltung allein das Vorbild", erinnert sich eine andere Schülerin. „Ich könnte keinen Ausspruch von ihr wiederholen, vielleicht weniger deshalb, weil er nicht im Gedächtnis haftenblieb, als vielmehr deshalb, weil sie eine Stille, Schweigende war, die nur durch ihr ‚Sein' uns führte ... Bei der Kritik war sie Güte und Gerechtigkeit in einer vollendeten Verbindung. Nie sahen wir sie anders als ruhig, fein und still."

Gewiß, manchmal hielt das Fräulein Doktor vielleicht etwas zu sehr auf Distanz, „etwas Unnahbares" habe sie gehabt, wird berichtet, und es mag sein, daß die einstige Universitätsassistentin ihre Schülerinnen bisweilen intellektuell überforderte. Aber sie war fähig, freimütig auch eigene Probleme zu offenbaren; eine Schülerin warnte sie, vermeintlich ideale Christenmenschen als Vorbilder zu überschätzen, von innen besehen seien sie „genauso armselig, ihrer selbst genausowenig sicher wie Sie".

Besonders sympathisch war den Mädchen, daß ihre Lehrerin nicht in ihrer Unterrichtstätigkeit aufging – wir wissen von früher her, wie Edith Stein beschränktes Fachidiotentum haßte. Sie engagierte sich als Amateur-Sozialarbeiterin, beschaffte sich Adressen von Notleidenden, schrieb Bettelbriefe, vermittelte Hilfen, schleppte Pakete. Dieses „Hobby" ging allem anderen vor, wie sie selbst einmal in einem Brief begründete: „Was den Verkehr mit Menschen betrifft: seelische Not des Nächsten durchbricht jedes Gebot. Was wir sonst tun, ist Mittel zum Zweck. Aber die Liebe ist der Zweck selbst, weil Gott die Liebe ist."

Die Schülerinnen wußten natürlich auch, daß Edith Stein ganze Nächte in der Klosterkirche verbrachte und morgens nicht immer vom Frühstück, sondern manchmal auch vom Beten in den Unterricht kam. Das einsame Beten, der Rückzug in die „Wüste“ war ihr zeitlebens unverzichtbar; dort fand sie ungeahnte Kraftquellen, und ihre Umgebung hat das gespürt. Eine Schülerin: „Da ging uns eine Ahnung auf, was es bedeutet, Glauben und Lebenshaltung in vollkommene Übereinstimmung zu bringen.“

Ihre wissenschaftlichen Interessen waren dabei keineswegs abgekühlt. Sie träumte durchaus noch von einer akademischen Laufbahn – wobei allerdings nicht die Karriere und ein großer Name am Gelehrtenhimmel im Vordergrund standen, sondern die Möglichkeit, eigenverantwortlich und im fruchtbaren Austausch mit der zeitgenössischen Philosophie arbeiten zu können. Das Abgeschnittensein vom Strom akademischen Lebens hat sie später oft bitter beklagt. 1932 schrieb sie einer befreundeten Freiburger Benediktinerin, sie habe einen „ziemlich harten Kampf um die Begründung meiner wissenschaftlichen Existenz“ zu führen und leide unter der jahrelangen „Ausgeschlossenheit aus der Kontinuität der Arbeit“ und dem „Mangel an Fühlung mit dem modernen Leben“.

In Speyer setzte sich Edith Stein intensiv mit der griechischen und der mittelalterlichen christlichen Philosophie auseinander, sie entwarf eine Studie über „Akt und Potenz“, übersetzte die Briefe und Tagebücher des Kardinals John Henry Newman, eines Wegbereiters moderner Theologie, aus dem Englischen – und aus dem Lateinischen die „Quaestiones disputatae de veritate“, die „Untersuchungen über die Wahrheit“ des heiligen Thomas von Aquin. Damit unternahm die noch relativ junge Wissenschaftlerin nichts Geringeres, als Husserl und Thomas in ein Gespräch zu bringen, die mittelalterliche Scholastik – damals immer noch prägend für die katholische Theologie und Mentalität – mit dem heutigen Geistesleben zu konfrontieren.

Längst hatte sie begonnen, über ihren Lehrer Husserl hinauszudenken. Seine Analyse, wie die Dinge im menschlichen Bewußtsein sind, genügte ihr nicht mehr. Zu fragen sei, wie sie ihr reales Sein außerhalb dieses Bewußtseins empfangen hätten. Die Phänomenologen bekannten sich – der gängigen Skepsis zum Trotz – wieder zur Objektivität des Seins und zur Möglichkeit der Erkenntnis. Nun wollte sie aber wissen, worin diese Möglichkeit ihren Ursprung hatte, wo die Instanz war, die Objektivität und Wahrheit garantierte.

Edith Steins Arbeit fügt sich in die allgemeine Entwicklung der neuzeitlichen Philosophie ein: von der alles relativierenden, selbstherrlichen Autonomie des Subjekts zurück zur Auseinandersetzung mit einer objektiven Wahrheit, vom Neukantianismus zur Wesens- und Existenzphilosophie Schelers und Heideggers. Ihre Frage nach dem Menschen, nach dem Wesen seiner Existenz, wurde ja später – im Gefolge der großen Phänomenologen – vor allem von Heidegger zum Thema gemacht.

Die „Quaestiones disputatae" (auf deutsch: erörterte Fragen) sind eine recht verbreitete Gattung in der theologischen Literatur des Mittelalters: Zusammenfassung und vertiefende Weiterführung jener großen Streitgespräche, die unter den Magistern der Theologie über die gerade aktuellen theologischen und philosophischen Themen stattfanden. Den Reichtum der Scholastik, in der es – allen modernen Vorurteilen zum Trotz – eine Vielzahl von Schulen und Denkansätzen und eine fruchtbare Toleranz anderen Mentalitäten gegenüber gab, kann man nirgendwo besser kennenlernen als hier. Die umfangreichen „Untersuchungen über die Wahrheit" entstanden, als Thomas Professor in Paris war.

Eine verläßliche, aber auch verständliche deutsche Übersetzung der „Quaestiones" – Erich Przywara hatte die Speyerer Philosophin dazu angeregt – war dringend notwendig, weil sie bisher nur im lateinischen Original zugänglich und mit ihren schwierigen scholastischen Konstruktionen auch für Leser mit durchschnittlichen Lateinkenntnissen kaum zu verstehen waren. Edith Stein entledigte sich ihrer Aufgabe mit Bravour, sie kleidete die Philosophie des großen Thomas – ohne die Eigenart seiner Begriffswelt zu verwischen – in ein modernes Sprachgewand und straffte seine endlosen Gedankengänge mit Anführung sämtlicher Gegenargumente so, daß nur seine grundsätzlichen Ausführungen und ein Konzentrat der wichtigsten Einwände übrigblieben. Dem fügte sie jeweils einen nüchtern-zusammenfassenden Kommentar an.

Der Thomas-Spezialist Martin Grabmann bescheinigte der Übersetzerin „große Hingebung" und „reichstes Verständnis"; sie selbst sah ihre Leistung bescheidener: Andere wären zu diesem Werk bestimmt berufener gewesen, denn es sei „in abgesparten Stunden neben einer vollgemessenen Schultätigkeit" entstanden, „ohne Anleitung und ohne Hilfsmittel", und weise entsprechende Mängel auf. Aber: „Vielleicht hat so ein ahnungsloser, kleiner David dem Goliath zu Leib rücken müssen, um den schwer gerüsteten Kriegern einen Ansporn zu geben." Auch der Philosoph Josef Pieper, ein profunder Kenner der Scholastik, war nicht begeistert: Die Husserl-Schülerin habe den Kern der grundlegenden Ausgangsfrage („Was ist Wahrheit?") schon in der Übersetzung verfehlt; für einen modernen Philosophen sei es eben sehr schwierig, die Grundgedanken der alten Seinslehre zu begreifen.

Die „Quaestiones" behandeln existentielle Fragen, aber auch höchst skurrile Probleme. Ein paar Kostproben aus den Überschriften: „Was ist Wahrheit?" „Stammt alle Wahrheit von der Ersten Wahrheit her?" „Erkennt Gott sich selbst?" „Entspricht dem Bösen eine Idee in Gott?" „Wird die Welt durch die Vorsehung gelenkt?" „Sind die Tiere und ihre Akte der göttlichen Vorsehung unterworfen?" „Ist ein bestimmter räumlicher Abstand erforderlich, damit ein Engel zu den anderen sprechen könne?" „Kann jemand wissen, ob er im Besitz der Liebe ist?" „Ist die Liebe eine Form des Glaubens?" „Bindet das irrende Gewissen?" „Besitzt der Mensch freie Entscheidung?" „Weiß die Seele Christi um all das, was Gott hätte machen können?" „Hätten Kinder, die von Adam im Stande der Unschuld erzeugt worden wären, ein vollständiges Wissen um alle Dinge haben können, wie es Adam hatte?" Und so weiter, Hunderte von Fragen.

Bloße „Haarspaltereien" seien das nicht, meint sie, ganz im Gegenteil: „Wer längere Zeit mit diesem klaren und scharfen, stillen und besonnenen Geist in seiner Welt lebt, dem wird es immer öfter begegnen, daß er in schwierigen theoretischen Fragen oder praktischen Situationen, denen er früher hilflos gegenübergestanden hätte, leicht und sicher die Entscheidung findet; und wenn er sich dann – selbst überrascht – hinterher besinnt, wie es möglich wurde, so entdeckte er, daß Thomas mit irgendeiner seiner ‚Haarspaltereien' die Grundlage dafür geschaffen hat."

Gott in die Welt tragen

Die Arbeit an diesen scheinbar so abstrakten mittelalterlichen Fragestellungen hat die junge Lehrerin ungemein geprägt. Hier sei ihr aufgegangen, schreibt sie 1928, daß es möglich sei, „Wissenschaft als Gottesdienst zu betreiben", und daß ein religiöses Leben führen keinesfalls bedeute, „alles Irdische aufgeben und nur im Gedanken an göttliche Dinge leben. Allmählich habe ich aber einsehen gelernt, daß in dieser Welt anderes von uns verlangt wird und daß selbst im beschaulichsten Leben die Verbindung mit der Welt nicht durchschnitten werden darf; ich glaube sogar: je tiefer jemand in Gott hineingezogen wird, desto mehr muß er auch in diesem Sinn ‚aus sich herausgehen', d.h. in die Welt hinein, um das göttliche Leben in sie hineinzutragen."

Sie hatte einen Weg zur Wahrheit gefunden, der weiter führte als die zuvor von ihr beschrittenen Pfade. Thomas bestätigte zwar das Vertrauen der Phänomenologen in die Fähigkeit der Vernunft, die Wahrheit zu erkennen. Er lud jedoch dazu ein, über die Grenzen der natürlichen Vernunft und der Philosophie hinauszugehen und den Weg des Glaubens zu riskieren. Die Vollkommenheit der Liebe, so zitiert sie den heiligen Thomas, bestehe nicht in der Gewißheit des Erkennens, sondern in der Stärke des Ergriffenseins.

1929 erschien in der Festschrift zu Husserls 70. Geburtstag Edith Steins origineller Versuch, die Phänomenologie und die Philosophie des Thomas von Aquin in ein Gespräch zu bringen. Leider hatte man sie gezwungen, ihren fiktiven Dialog zwischen dem heiligen Thomas und Edmund Husserl in die übliche trockene Aufsatzform umzuschreiben. In der ursprünglichen Fassung – aufbewahrt im Husserl-Archiv Löwen – hatte sich das köstlich gelesen. Husserl sitzt nach der anstrengenden Gratulationscour spätabends noch wach und sinniert: „Wahrhaftig, nach all dem Geplauder wünschte ich mir jetzt ein ordentliches, philosophisches Gespräch, damit im Kopf wieder alles in die richtigen Bahnen käme." Es klopft, und ein Ordensmann im weißen Habit tritt ein: „Verzeihen Sie die nächtliche Störung, Herr Geheimrat. Aber ich habe Ihre letzten Worte gehört, und danach dachte ich, ich könnte es noch wagen."

Und dann beginnen der Scholastiker des 13. und der Phänomenologe des 20. Jahrhunderts eine geistsprühende Diskussion, finden in der sich nie zufriedengebenden Sehnsucht nach Erkenntnis, die den echten Philosophen auszeichnet, eine Brücke und im Grundsatz moderner Philosophie, den Glauben nicht an der Erkenntnis zu beteiligen, eine Barriere – aber ist die wirklich so unüberwindlich? Läßt sich eine vollständige Erkenntnis der Welt, eine Verbindung von Rationalität und Metaphysik, überhaupt gewinnen, wenn man nicht natürliche und übernatürliche Vernunft *gemeinsam* beansprucht?

„Damit müssen wir für heute schließen", verabschiedet sich der heilige Thomas und verspricht hintergründig: „Aber wir werden uns wiedersehen, und dann werden wir uns aus dem Grunde verstehen."

Menschen mit Erfahrung im inneren Leben berichten immer wieder die erstaunliche Tatsache, daß die zum Beten oder Meditieren aufgewandte Zeit nicht verloren ist, sondern in Form von Konzentration, Gelassenheit und Ruhe doppelt wieder „hereinkommt". Ähnlich Edith Stein: „Das Können steigert sich offenbar mit der Menge der notwendigen Dinge", notiert sie lakonisch. „Wenn nichts Brennendes vorliegt, hört es viel früher auf. Der Himmel versteht sich sicher auf Ökonomie." Unerläßlich seien lediglich ein „stiller Winkel" zum Krafttanken und das Bewußtsein, daß Gott in uns arbeite.

Von 1928 an wird Ediths Glaubensgeschichte durch einen intensiven Kontakt mit der Benediktinerabtei Beuron geprägt. Dort hielt sie sich regelmäßig zur Einkehr und Erholung auf, dort feierte sie jedes Jahr die Karwoche und Ostern mit. Die „Ruhe eines seligen Schauens und Frohseins vor Gott" hat Erzabt Raphael Walzer – ihr neuer geistlicher Berater – an ihr beobachtet; die Konvertitin sei sichtlich glücklich gewesen, „daheim bei ihrer Mutter, der Kirche, zu sein". Sie benahm sich in Beuron ausgesprochen schlicht und bescheiden; der Klosterpförtner fiel aus allen Wolken, als er erfuhr, daß diese demütige Pilgerin „ein sehr gelehrtes Fräulein" sei: „Sie ehrte uns Ordensleute alle, als ob wir wunder was wären."

Der Geist Benedikts wurde für Edith Stein ebenso wichtig wie die gläubige Wissenschaft des heiligen Thomas. Ihre Sehnsucht, mit Gott allein zu sein, war Segen und Versuchung zugleich. Hier in Beuron lernte sie, ihren Glauben in der Gemeinschaft zu leben und ihre Erfahrungen in die Tradition der Liturgie hineinzustellen – was gleichzeitig eine Wiederentdeckung jüdischen Gebetslebens bedeutete. In einem katholischen Kloster machte sich die Jüdin Edith Stein den Reichtum der Psalmen zum ersten Mal richtig bewußt!

Wortführerin der Frauenemanzipation

Nein, die säuselnden Reden vom „schönen, schwachen Geschlecht" wollte sie nicht hören, weil sie meist mit einem mitleidig-zynischen Lächeln verbunden sind. Sie hielt auch wenig von den Romantikern, „deren Frauenideal in zarten Farben auf Goldgrund gemalt ist und die um dieses Ideals willen den Frauen die Berührung mit der rauhen Wirklichkeit nach Möglichkeit ersparen möchten". Zeige sich diese romantische Auffassung doch in einer merkwürdig widerspruchsvollen Verbindung mit einem brutalen, rein biologischen Frauenbild „bei der gegenwärtig stärksten politischen Machtgruppe".

Das gab sie 1932 in einer Vorlesung zu bedenken, ein Jahr vor der offiziellen Machtergreifung der Nazis. Edith Stein: „Teils aus der romantischen Ideologie heraus, teils mit

Rücksicht auf die Rassenzüchtung, schließlich mit Berufung auf die gegenwärtige Wirtschaftslage wird hier eine Durchstreichung der Entwicklung der letzten Jahrzehnte und eine Beschränkung der Frau auf das Wirken in Haus und Familie ins Auge gefaßt. Das geistige Wesen der Frau wird dabei ebensowenig berücksichtigt wie die Gesetze der geschichtlichen Entwicklung."

1928 war die bislang nur in Fachkreisen bekannte Philosophin und Deutschlehrerin aus Speyer zum ersten Mal in das Rampenlicht einer breiteren Öffentlichkeit getreten: Der katholische bayerische Lehrerinnenverein hatte sie zum Grundsatzreferat auf seiner Hauptversammlung eingeladen. Ihr Thema. „Der Eigenwert der Frau in seiner Bedeutung für das Leben des Volkes". In den folgenden Jahren sprach sie in Heidelberg, Freiburg, Köln, Zürich, Salzburg, Wien, Prag, sie publizierte wissenschaftliche Abhandlungen und populäre Artikel und avancierte über Nacht zu einer Wortführerin in den Emanzipationsbestrebungen katholischer Frauen. Was war nur mit dem stillen Fräulein Doktor geschehen, das sich in klösterlicher Abgeschiedenheit so wohl gefühlt hatte?

Gar nichts war geschehen. Das öffentliche Engagement ergab sich folgerichtig aus dem benediktinischen Geist, der Edith neuerdings erfüllte: den Glauben in die Welt einpflanzen. Erzabt Walzer hatte Ediths stürmisches Verlangen nach dem Karmel immer mit dem Hinweis auf ihre Aufgaben in der „Welt" draußen zu bremsen gewußt. Und dann: Edith Stein besaß eine hervorragende Antenne für geschichtliche Entwicklungen, sie war schon bei der Abiturfeier in einem Spottvers „Suffragette" tituliert worden und in ihrer Studentinnenzeit aktive Frauenrechtlerin gewesen, sie konnte die Probleme der Mädchenbildung aus reicher pädagogischer Erfahrung beurteilen und war vom liberalen Judentum geprägt, das schon früh die Gleichberechtigung der Frau vorangetrieben hatte – wer sollte denn eine führende Rolle in der noch auf schwachen Füßen stehenden katholischen Frauenbewegung übernehmen, wenn nicht sie?

„Der Vortrag Edith Steins wirkte überzeugend", urteilte ein Zeitungsreporter des „Heidelberger Boten" 1930, „weil er sich von dem Pathos der *Frauenbewegung* frei hielt und die Vortragende selbst ihre Gedanken spürbar und sichtlich verkörperte." Ihr Publikum war am Anfang meist sehr überrascht, weil statt der erwarteten imposanten Rednerin eine kleine, zarte, einfach gekleidete Person erschien und ganz ruhig, leidenschaftslos, ohne rhetorische Höhen sprach, weder flammende Anklagen verteilte noch zum Befreiungskampf des weiblichen Geschlechts aufrief, sondern nüchtern ihre Analysen vortrug. Manche warfen ihr vor, zu fromm zu reden. Doch wenn sie darüber nicht sprechen sollte, gab sie zur Antwort, könne sie es gleich bleiben lassen. „Es ist im Grunde immer eine kleine, einfache Wahrheit, die ich zu sagen habe: Wie man es anfangen kann, an der Hand des Herrn zu leben."

Liegt es an diesem manchmal etwas spirituellen Zungenschlag, daß die feministische Theologie unserer Tage – vom „profanen" Feminismus ganz zu schweigen – Edith Steins Beitrag zur Frauenfrage so ziemlich ignoriert?

Auf geradezu „revolutionäre" Weise, so bescheinigt ihr jedenfalls die auf diesem Gebiet durchaus versierte Theologin und Religionsphilosophin Elisabeth Gössmann, habe sie gegen eine einseitige Betonung der Mutterschaft protestiert und für eine Entfaltung der individuellen weiblichen Anlagen in „Kulturleistungen" plädiert. Edith Steins zukunftsträchtigste Leistung laut Frau Gössmann: die „Entdämonisierung" des Eintritts der Frau in die moderne Berufswelt. „Es gibt keinen Beruf, der nicht von einer Frau ausgeübt werden könnte", stellte Edith Stein kategorisch fest und gab zu bedenken, keine Frau sei nur Frau, jede habe ihre individuellen Anlagen, und was man so als „männlichen" oder

„weiblichen Typus" bezeichne, sei keineswegs auf das jeweilige Geschlecht beschränkt.

Was damals in den Zeiten der Weimarer Republik noch wie progressive Zukunftsmusik klang, gibt uns freilich heute, sechzig Jahre später, manche harte Nuß zu knacken. Edith Steins Problem ist (aus heutiger Sicht betrachtet, und man sollte sich hüten, diese Sicht zur einzig wahren zu erklären), daß sie zwischen der Überzeugung von der Gleichwertigkeit und grundsätzlichen Gleichberechtigung der Frau auf der einen Seite und ihrem Bild von der weiblichen „Natur" und Eigenart auf der anderen Seite keine rechte Einheit herstellen kann. Was sie im Grundsätzlichen gewinnt, verliert sie im konkreten Detail. Während sie überzeugend für die gleichwertige Verantwortung beider Geschlechter eintritt, fixiert sie die Frau doch wieder auf eine ganz bestimmte – nun freilich höher gewertete – Rolle.

Von der Schöpfungsordnung her, das ist ihr Ausgangspunkt, sind beide Geschlechter absolut gleichwertig. Von einer Herrschaft des Mannes über die Frau ist im biblischen Schöpfungsbericht nicht die Rede, sie wird „Gefährtin" des Mannes genannt, und beide sollen „ein Fleisch" sein. Ganz ähnlich wie ihr großes Vorbild Teresa von Ávila widerspricht auch Edith Stein gewissen Lehrsätzen des Apostels Paulus, die sich ihrer Meinung nach auf konkrete Mißbräuche in einzelnen Gemeinden beziehen und der frauenfreundlichen Praxis Jesu viel zu sehr zuwiderlaufen, um prinzipielle Gültigkeit beanspruchen zu können. Die Gnadenordnung kennt keine Rollenfixierung, Edith verweist auf „weibliche Zartheit und Güte" bei heiligen Männern und auf „männliche Kühnheit, Fertigkeit und Entschlossenheit" bei heiligen Frauen.

Die Gattung Mensch, auch das entnimmt sie der Bibel, entfaltet sich jedoch in zweifacher Gestalt, als Mann und Frau. Edith Stein: „Nur wem hitzige Kampfesleidenschaft die Augen geblendet hat, der kann die handgreifliche Tatsache leugnen, daß Leib und Seele der Frau zu besonderem Zweck gebildet sind. Und das klare und unumstößliche Wort der Schrift spricht aus, was von Anbeginn der Welt die tägliche Erfahrung lehrt: zur Gefährtin des Mannes und zur Menschenmutter ist die Frau bestimmt. Dazu ist ihr Leib ausgerüstet, dem entspricht aber auch ihre *seelische Eigenart* ... Hegen, hüten und bewahren, nähren und im Wachstum fördern: das ist ihr natürliches, echt mütterliches Verlangen."

Die Spezialität der Frau soll also „das Lebendig-Persönliche" sein, das Interesse für das Ganze, das sie anschaut und erfühlt. Der Mann dagegen ist mehr auf die abstrakte Sache ausgerichtet, begriffliches Zergliedern liegt ihm mehr als behutsame Einfühlung. Ganz folgerichtig legt die Vordenkerin aus Speyer die Frauenrolle in der Partnerschaft der Geschlechter fest: „Das Leben eines andern Menschen zu teilen, und zwar an *allem* Anteil zu nehmen, was ihn betrifft, am Größten und Kleinsten, an Freuden und Leiden, aber auch an Arbeiten und Problemen, ist ihre Gabe und ihr Glück. Der Mann geht auf in ‚seiner Sache' und erwartet von andern dafür Interesse und Dienstbereitschaft; es wird ihm im allgemeinen schwer, sich auf andere Menschen und auf anderer Leute Sachen einzustellen. Der Frau dagegen ist es natürlich ..."

Oder noch deutlicher in einem vor der Katholischen Frauenorganisation Zürich gehaltenen Vortrag: „Der primäre Beruf des Mannes ist die Herrschaft über die Erde, die Frau ist ihm darin als Gehilfin zur Seite gestellt. Der primäre Beruf der Frau ist Erzeugung und Erziehung der Nachkommenschaft, der Mann ist ihr dafür als Beschützer gegeben. Dem entspricht es, daß dieselben Gaben bei beiden auftreten, aber in verschiedenem Maß und Verhältnis. Beim Mann vornehmlich die Gaben, die für Kampf, Eroberung und Beherrschung erforderlich sind: die Körperkraft zu äußerer Besitznahme, Verstand zur erkenntnismäßigen Durchdringung der Welt, Willens- und Tatkraft zu schöpferischem Gestalten. Bei der Frau die Fähigkeiten, um Werdendes und Wachsendes zu bewahren, zu behüten und in der Entfaltung zu fördern ..."

Vernunft, Willen und Durchsetzungskraft dem Mann zu reservieren und der Frau das Herz zu überlassen – Feministinnen würden darin heute einen typischen Trick des Patriarchats und die Ursache für eine deformierte Persönlichkeit *beider* Geschlechter sehen. Sie wären auch nicht begeistert, wenn Edith Stein für die Frau jene Berufe reklamiert, bei denen Fürsorge, Pflegetalent, einfühlendes Verstehen gefragt sind, von der Krankenschwester und Ärztin bis zur Erzieherin und Übersetzerin.

Dann aber kämpft sie wieder gegen eine einseitige Rollenfixierung an, etwa in einer 1931 abgefaßten Studie: „Die geschichtliche Epoche, in der in reinlicher Scheidung die häuslichen Pflichten der Frau, der Daseinskampf außer dem Hause dem Mann zufiel, ist nach der Entwicklung der letzten Jahre und Jahrzehnte offenbar als abgeschlossen anzusehen."

Am Ende kristallisiert sich eine mittlere Position heraus: Beide Geschlechter sollen ihre einseitigen Prägungen überwinden und so für sachgemäßes Handeln frei werden. Bei der Berufsausübung sollen durchaus männliche bzw. weibliche Akzente gesetzt werden – die Frau soll ihr Talent für das Ganze, ihre Sorge für das Lebendige einbringen, der Mann seine Fähigkeit, die Schöpfung durch Erkenntnis und Tat zu gestalten –, aber beide sollen sich respektvoll ergänzen und sich vor einseitigen Übertreibungen hüten: Den Mann sieht sie in Gefahr, sich von der Arbeit versklaven zu lassen und zu einem brutalen, ausbeuterischen Herrenmenschen (allen Geschöpfen und speziell der Frau gegenüber) zu entarten. Die spezifisch weibliche Versuchung liege dagegen in der Übersteigerung der persönlichen Anteilnahme: in aufdringlicher Vereinnahmung, ungehemmtem Mitteilungsbedürfnis, aber auch in sklavischer Bindung an den Mann, im oberflächlichen, undisziplinierten „Naschen auf allen Gebieten" oder auch in der Flucht in Traumwelten.

Praktisch sieht ihre Lösung so aus, daß die Frau ihrer jeweiligen individuellen Anlage entsprechend alle möglichen Berufe auszuüben vermag – jedoch eben „auf echt weibliche Art". In einer Fabrik etwa oder in einem kaufmännischen Büro, in einem chemischen Laboratorium oder mathematischen Institut sei die „Einstellung auf ein totes oder abstrakt-gedankliches Material" gefragt. Andererseits führe doch auch diese Arbeit mit anderen Menschen zusammen. „Und damit ist sofort die Gelegenheit zur Entfaltung aller weiblichen Tugenden gegeben. Ja man kann sagen, gerade hier, wo jeder in Gefahr ist, ein Stück Maschine zu werden und sein Menschentum zu verlieren, kann die Entfaltung der weiblichen Eigenart zum segensreichen Gegengewicht werden."

Die Frau sei dazu berufen, auch im Umgang mit totem Material oder abstrakten Details den Blick auf das lebendige Ganze zu bewahren. In der politischen Arbeit zum Beispiel – und politisch mündiges Handeln ist für Edith Stein nur in gleichwertiger Verantwortung beider Geschlechter möglich – könne sie der Gefahr entgegenwirken, „daß ‚vom grünen Tisch aus' entschieden wird, daß man möglichst vollkommene Paragraphen drechselt, ohne sich die wirklichen Verhältnisse und die Folgen in der Praxis deutlich genug vor Augen zu führen. Der weiblichen Eigenart widerstrebt dies abstrakte Verfahren, es entspricht ihr, auf das Menschlich-Konkrete zu achten, und so kann sie hier als Korrektiv dienen."

Provokation und Unterwerfung

Natürlich befriedigt dieser Lösungsversuch heute nicht mehr (obwohl Edith Steins Vision einer „weiblichen" Politik – sie stammt aus ihrer ersten großen Rede 1928 – durchaus Anklänge an moderne feministische Positionen aufweist). Aber natürlich führt es am Ende in eine Sackgasse, fruchtbare soziale Eigenschaften, die für beide Geschlechter erstrebenswert sein sollten, nur bei der Frau anzusiedeln. Natürlich bringt es wenig, die mißtrauisch betrachtete Berufstätigkeit des weiblichen Geschlechts aufzuwerten, indem man gleichzeitig die Gefühlswelt des Mannes abwertet – ihm bleibt nur die kühle Sachlichkeit.

Aber es wäre nicht fair, sich auf die Lücken und Halbherzigkeiten in einem Modell zu konzentrieren, dem seinerzeit durchaus Pioniercharakter zukam. Man kann kritisieren, daß bei Edith Stein der Respekt vor starken Frauen und der Hang zur Selbstdemütigung nahe beieinander stehen.

Man kann sich vor ihren schlimmen Schlußfolgerungen entsetzen, wenn sie ihrem Geschlecht – ganz wie gehabt – eine „natürliche Neigung zu Gehorsam und Dienst" attestiert, wenn sie den Mann – auf einer Tagung in Salzburg 1930 – zu „des Weibes Haupt und Schützer" erklärt und die Frau an die „gottgewollte Unterordnung" erinnert: „Der Mann dient seiner Natur nach unmittelbar seiner Sache; die Frau dient ihr um seinetwillen, und so ist es das Angemessene, daß es unter seiner Leitung geschieht." Im übrigen verrate auch die Emanzipierte in ihrer Kampfstellung gegen das männliche Geschlecht noch das Vorhandensein einer „sklavischen Bindung".

Man kann kopfschüttelnd ihr Idealbild der unaufdringlichen Trösterin zur Kenntnis nehmen, die ganz für den vergötterten Mann lebt und ihm jeden Wunsch von den Augen abliest („selbstlose Hingabe und stilles Zurücktreten, wo man ihrer nicht bedarf"). Man kann sich entrüsten über ihren Appell, der Mann möge das „Geistige" in der Frau fördern und sie vor einem Abgleiten in die Triebhaftigkeit schützen – als ob solche männliche Selbstüberschätzung nicht gerade mitverantwortlich wäre für das seinerzeitige weibliche Bildungsdefizit!

Das alles ist schlimm und hat katholische Frauen wohl auch daran gehindert, Selbstbewußtsein zu entwickeln, ihre selbstverständlichen Rechte einzuklagen. Nur sollte man gerecht bleiben und nicht vergessen, daß geschichtliche Gegenbewegungen – nach dreitausend Jahren Patriarchat – ihre Zeit brauchen und daß manche Thesen, über die wir heute lächeln, vor einem halben Jahrhundert vielleicht aufrührerisch und bewußtseinsbildend gewirkt haben.

Mit welchen Gefühlen lesen wir heute etwa jene Prognose, die ein so weitblickender Geist wie Stefan Zweig 1929 der „Frau von morgen" stellte! Begeistert begrüßt er das bevorstehende Verschwinden des „Kinder säugenden Haustiers", des „plättenden, fegenden, kochenden, bürstenden, flickenden und sorgenden

Domestiken ihres Hausgebieters und ihrer Kinder", voll und ganz bejaht er ihre Befreiung aus der Haltung eines „demütigen Wartens auf Gewähltwerden und Geheiratetsein" zu einer selbstbewußten, selbstverantwortlichen, aktiven Erotik. Aber auch dieser Prophet einer neuen Frau kann sich die ängstliche Einschränkung nicht verkneifen: „Vielleicht wird die Frau von morgen nicht mehr ahnen, was für festliche Entdeckung des eigenen Leibes den Früheren geschah, wenn sie aus ihren künstlichen Verhüllungen, denen der Kleider und denen der Sitte, hervorbrachen in eine vollkommene Hingabe. Vielleicht wird auch jene kostbare Traumsubstanz, jene innere Gefühlsekstase, welche sich früher bei den Frauen gerade durch die geistfremde Tätigkeit oder durch ihre Abgesperrtheit von aktiver Anteilnahme am Leben so wunderbar entwickeln konnte, etwas Seltenes werden bei der im Bürodienst tagsüber eingespannten, bei der im geistigen Wettstreit überlasteten Frau." Ob aus der Sklavin des Mannes und des Haushalts nun eine „Bürosklavin" werde, abgehetzt und abgeschunden, die den Traum des Mannes nicht mehr erfüllen könne, nämlich „daß sie Entlastung und Leichtigkeit in unsere allzu schwere Welt bringe und unsere eigene Leistung durch ihre aufschwingende und anspornende Gegenwart verstärke"?

Wir werden einer historischen Figur eben nur vor dem Hintergrund ihrer eigenen Zeit gerecht und nicht, wenn wir sie an den Selbstverständlichkeiten und vermeintlichen Errungenschaften *unserer* Epoche messen.

Zu Edith Steins bleibenden Verdiensten gehört sicher die Vehemenz, mit der sie in ihren Vorträgen und Schriften das kirchliche und gesellschaftliche Engagement der Frau fordert; was man „Maß" oder gar „Tugend" nenne, sei im Grunde Mangel an Leben. „Vielleicht haben wir uns im Laufe der Jahrhunderte zu sehr an unsere passive Haltung in der Kirche gewöhnt, es Ausnahmemenschen überlassend ..., als ‚Ausnahmen die Regel zu bestätigen'. Das 20. Jahrhundert verlangt mehr!"

Der allgemeinen katholischen Mentalität jener Jahre weit voraus, verlangte sie von der Kirche mehr Respekt vor der Frau, erklärte auch die Kirchenväter und den Theologenpapst Thomas für kritikwürdig, erinnerte die kirchlichen Leitungsinstanzen an die ersten Jahrhunderte, in denen Frauen amtliche Funktionen als geweihte Diakonissen gehabt hätten.

Dem christlichen Jungfräulichkeitsideal gewinnt sie einen geradezu rebellischen Sinn ab: Sei jetzt doch die Norm des Alten Bundes durchbrochen, wonach die Frau ihr Heil allein durch Kindergebären wirken könne! Nun eröffneten sich den Frauen mannigfache Tätigkeiten im Dienst des Herrn. In eklatantem Widerspruch dazu schließt sie das heutige Kirchenrecht aber von allen geweihten Ämtern in der Kirche aus. Warum eigentlich? fragt Edith Stein. Dogmatisch stehe einer Öffnung des Priesteramts für die Frau nichts im Wege. Freilich: „Ob es praktisch sich empfehlen würde, das läßt mancherlei Gründe für und wider zu."

Eine bloße Theoretikerin ist Edith Stein nie gewesen. Frauenfragen behandelt die wissenschaftlich ambitionierte Deutschlehrerin gern unter pädagogischem Aspekt. Sie wünscht sich für die Frauen eine ganzheitliche Bildung ohne geschlechtsspezifische Beschränkungen, wohl aber die Eigenart der weiblichen Natur berücksichtigend. Das heißt, im Zentrum der Frauenbildung muß die Gemütsbildung stehen; einseitig intellektuelle Schulung ist nicht so wichtig. Der Lehrstoff müsse stets so gewählt werden, daß er der weiblichen Neigung zur lebendigen Wirklichkeit und ihrem Interesse am konkreten Menschen entspricht, wie Edith Stein das versteht: „Anbahnung von Menschenkenntnis und Menschenbehandlung" vor allem in Geschichte und Literatur, Biologie, Psychologie und Pädagogik.

Die Verstandesschulung muß allerdings an die Seite der Gemütsbildung treten. Weil das in der Mädchenerziehung früherer Jahrzehnte versäumt worden sei, habe sich jener überemotionalisierte Frauentyp entwickeln können, „der ein Scheinleben in Träumen führt und den Aufgaben der Wirklichkeit gegenüber versagt oder sich wechselnden Gefühlen und Stimmungen wehrlos hingibt, nach Sensationen jagt, die das Gemüt immer wieder in Erregung versetzen, und nicht zu fester Lebensgestaltung und fruchtbarem Wirken kommt".

Besonderes Gewicht legt sie auf die Vermittlung von Werten und die Erziehung zur Unterscheidungsfähigkeit: Man könne dem Gemüt nicht nur Gutes und Schönes vor Augen stellen, „weil das Leben es auch mit Negativem in Berührung bringen wird und weil es dann schon zu unterscheiden gelernt haben muß". Kern der pädagogischen Arbeit überhaupt müsse deshalb eine religiöse Bildung sein, die „die Glaubenswahrheiten in einer das Gemüt packenden und zur Tat begeisternden Weise nahezubringen weiß", aber auch das verstandesmäßige Eindringen in die religiösen Vorstellungen lehrt. Die Phänomenologin in ihr bricht durch, wenn sie die Religionslehrer ermuntert, ruhig ausgiebig vom „scharf geschliffenen Begriffsapparat" der katholischen Dogmatik Gebrauch zu machen!

Wenn sie von Werten und religiöser Fundierung des Unterrichts spricht, hat das allerdings nichts mit einem engherzigen weltanschaulichen Korsett zu tun. Sie tritt für „eine Art Montessorisystem" vom frühen Kindesalter bis zu den Berufsschulen ein, das auf sehr bewegliche Weise eine optimale Antwort auf die beruflichen Talente der jeweiligen Schülerin ermöglichen soll – ein Beispiel dafür, wie gern sie Anregungen aus dem nichtkatholischen Lager aufnimmt. Und sie wünscht sich einen nüchternen, wenn auch kritischen Umgang mit der Sexualität im Unterricht: „Den sexuellen Fragen würde ich nicht ausweichen", ermutigt sie eine befreundete Benediktinerin, „im Gegenteil, man muß froh sein, wenn sich ungezwungen Gelegenheit bietet, klar und ehrlich über die Dinge zu sprechen, weil es eigentlich wirklich nicht mehr angeht, die Mädchen ohne Sexualerziehung in die Welt hinauszuschicken."

Dabei darf man nicht vergessen, daß es in jenen Jahren noch kaum wissenschaftliche Untersuchungen über die Psyche der Frau und die daraus folgenden Anforderungen für die Mädchenbildung gab. Fachleute sehen denn auch eine historische Leistung Edith Steins in ihrer – im einzelnen gewiß ergänzungsbedürftigen und diskussionswürdigen – Verbindung von intellektueller Schulung und pädagogischer Anpassung an die weibliche Eigenart. Ihre Arbeiten über den Charakter der weiblichen Psyche stehen am Anfang einer langen Forschungsgeschichte in der differentiellen Psychologie.

„Den Engeln nicht ins Handwerk pfuschen"

Vermutlich war sie damals die prominenteste Schullehrerin Deutschlands. Man kannte ihre Aufsätze und schätzte sie als Rednerin. Dennoch scheiterte auch ihr zweiter, mit neuem Mut unternommener Anlauf, sich zu habilitieren. 1930/31 versuchte sie es in Freiburg und Breslau. Wieder schrieb ihr Husserl eine prächtige Empfehlung („Edith Stein ist eine Persönlichkeit von ungewöhnlicher Geschlossenheit, Energie, praktischer Klugheit, aber auch reinster Gesinnung") – vergeblich.

Über den Grund der ständigen Abweisungen machte sie sich keine Illusionen. Sie war nicht nur eine Frau – sie war auch noch Jüdin, und das antisemitische Klima verdichtete sich von Jahr zu Jahr. Sogar im preußischen Kaiserreich, das sich den Juden gegenüber relativ liberal benommen hatte, stand der Zugang zum akademischen Lehramt, zum Offizierskorps und zur höheren Beamtenschaft nur getauften Juden offen. An der Universität Breslau gab es bereits etliche jüdische Philosophen, die genug Schwierigkeiten hatten – wozu den einflußreichen Antisemiten noch zusätzlich Munition liefern?

Edith wehrte das Mitleid ihres Freundeskreises zwar mit der Bemerkung ab, die ganze Sache berühre sie innerlich eigentlich gar nicht, und man solle „den Engeln nicht ins Handwerk pfuschen", die alle Fesseln lösen könnten – schwer ist es ihr aber doch geworden. Sie wohnte jetzt wieder in Breslau, wo es in der Familie Stein kriselte: Ihre Schwester Rosa sympathisierte ebenfalls mit dem Katholizismus und geriet immer häufiger mit ihrer Nichte Erika aneinander, einer jüdischen Theologin der strengen Richtung, die später nach Palästina auswanderte und einen Rabbiner heiratete. Edith versuchte Rosa zu trösten und gleichzeitig im Haus Frieden zu stiften (mit Erika korrespondierte sie in der Folgezeit eifrig, wenn es um Kommentare zu hebräischen Bibeltexten ging).

Während sie ihre Thomasübersetzung korrigierte, traf aus Münster eine Anfrage des Deutschen Instituts für wissenschaftliche Pädagogik ein: Ob sie wohl bereit wäre, dort eine Dozentur für Fragen der Frauen- und Mädchenbildung zu übernehmen? Edith scheint diesen Ruf nicht gerade als Geschenk des Himmels betrachtet zu haben, denn sie zögerte, hoffte wohl noch auf eine positive Antwort der Universität Freiburg. „Gott weiß, was er mit mir vorhat", so machte sie sich selbst Mut. „Ich brauche mich darum nicht zu sorgen."

Doch mit den schwindenden Erfolgsaussichten ihrer Habilitationsversuche begann sie die Aufgabe in Münster dann doch zu reizen. Das vom Katholischen Lehrerverband und dem Verein katholischer deutscher Lehrerinnen getragene Institut war als Stützpunkt und Modellprojekt katholischer Pädagogik gedacht, und das deckte sich ja genau mit Edith Steins Vorstellungen.

Die „ewige Ordnung", so stellte sie in ihrer ersten Vorlesungsreihe in Münster fest, verlange die Ablehnung einer Gesellschaftsordnung und Erziehung, welche die Eigenart der Frau leugne, keine „organischen sozialen Gebilde" gelten lasse und „alle Individuen wie gleiche Atome in einen mechanistisch geregelten Wirtschaftsbetrieb einbauen will". Das ging gegen die Linke. Abzulehnen sei aber auch eine Gesellschaftsordnung und Erziehung, die „Menschentum und Geschlechterverhältnis rein biologisch wertet" und nichts von einer übernatürlichen Orientierung wisse – eine klare Absage an die heraufziehende braune Heilslehre. „Gegenüber diesen Zeitströmungen gibt es heute kein anderes Bollwerk als den katholischen Glauben und eine an dem Glauben orientierte Metaphysik, Gesellschafts- und Bildungstheorie und entsprechende Praxis."

Im Frühjahr 1932 nahm sie den Ruf nach Münster an. Sie begann dort mit Vorlesungen über Grundfragen der Frauenbildung; gleichzeitig arbeitete sie eine anspruchsvolle Studie über den Aufbau der menschlichen Person aus (der Versuch einer Begründung des katholischen Weltbilds mit phänomenologischen Mitteln) und engagierte sich im Lehrerinnenverband, Reformpläne ausarbeitend und geschickt mit Behörden verhandelnd. Vehement warnte sie die Akademikerinnen vor Berührungsängsten gegenüber der Frauenbewegung.

„Denken wir vielleicht: Berührt uns nicht – gut für die Masse, die Namenlosen – man verschone uns!" notierte sie sich in einem für sie ganz ungewohnten leidenschaftlichen Stakkato-Stil für einen Vortrag in Zürich. „Vielleicht verschanzt man sich hinter Wissenschaft, vielleicht hinter Pseudowissen! Verfehltes Akademikertum, verfehltes Leben, weckte Studium in uns solch kindischen Stolz! Solche Akademikerinnen würden weggefegt vom Leben, das sie so kindisch verschmähen! Sind wir akademisch gebildete Frauen mit Verantwortung oder sind wir tändelnde Kinder?"

Sie machte ihre Kolleginnen an den Hochschulen auch auf die drängende soziale Frage aufmerksam: „Brennt sie auch uns? Oder warten wir, bis andere irgendeine Lösung finden, oder bis das Chaos über unsern Köpfen zusammenschlägt? ... Wir dürfen nicht auf ausgefahrenen Gleisen steckenbleiben, müssen den Kontakt finden mit der gärenden Masse, ihrer physischen und geistigen Not."

Kaum einer ahnte, in welcher inneren Krise die Wissenschaftlerin Edith Stein zu dieser Zeit steckte. Vor der Aufgabe, eine fachlich fundierte katholische Pädagogik aufzubauen, erkannte sie erschreckend deutlich die eigenen Grenzen. So etwas sei ohne „Klarheit in allen Prinzipienfragen" nicht zu schaffen, schrieb sie ihrer Freundin Conrad-Martius. Sie warf sich selbst eine „gräßliche Unwissenheit" in Pädagogik und Philosophiegeschichte vor, machte sich Gewissensbisse wegen ihrer Distanz zum akademischen Leben in den vergangenen Jahren und gestand traurig:

„Jetzt, wo ich immer wieder mit Menschen zusammentreffe, die ganz mit ihrer Lebensarbeit verwachsen sind, richtig fachlich dafür gebildet und darin groß geworden, merke ich, daß ich eigentlich überall den Anschluß verloren habe und für diese Welt allseitig untüchtig bin. Diese Erkenntnis deprimiert mich an sich nicht. Es ist nur nicht ganz leicht, an einem verantwortlichen Posten zu stehen, für den einem so vieles Notwendige fehlt, und wenig Aussicht zu haben, das alles nachholen zu können."

Aus der einst so penetrant selbstsicheren Studentin war längst ein Mensch geworden, der sich mit unbestechlich kritischen Augen sah und die eigenen Schwachstellen genau kannte. Da half es auch nichts, daß die Fachwelt die Münsteraner Dozentin schätzte und sie diese Hochachtung auch spüren ließ.

Die französische Gesellschaft für Phänomenologie und Thomismus lud sie zu einer Tagung nach Juvisy bei Paris ein, an der die Creme der katholischen Philosophen Frankreichs und Belgiens teilnahm. „Die Diskussion war ganz und gar beherrscht durch Edith Stein", erinnert sich der deutsche Professor Rosenmöller. „Gewiß kannte sie die Auffassung von Husserl am besten, da sie jahrelang seine Assistentin in Freiburg i. Br. war, aber sie entwickelte ihre Gedanken so klar, wenn es sein mußte auch in französischer Sprache, daß der allgemeine Eindruck außerordentlich stark in dieser erlesenen Gesellschaft von Gelehrten war."

3

Der Weg zum Karmel

„So steht jeder von uns immer auf des Messers Schneide
zwischen dem Nichts
und der Fülle des göttlichen Lebens."

Daheim in Deutschland benahm sie sich immer noch wie eine schlichte Lyzeumslehrerin. Allüren waren ihr fremd. In Münster war sie dafür bekannt, daß sie sich nicht nur der Wissenschaft, sondern auch den Problemen der Studentinnen widmete – interessiert, verständnisvoll und ohne auf die Uhr zu sehen.

Obwohl eine leise Fremdheit blieb. Bei aller Freundlichkeit wahrte das Fräulein Doktor doch immer eine Distanz, die den einen als Zeichen vornehmer Unaufdringlichkeit galt, den anderen als Signal von Arroganz. Ihre Freundin Conrad-Martius nennt sie eine „außergewöhnlich verschlossene, in sich versiegelte Natur". In ihrer Autobiographie formuliert sie ihre geistigen Ansprüche gewiß bisweilen auf eine fast angeberische Weise; die „Masse der Studenten" habe sie als „quantité négligeable" betrachtet. Ihre Freiburger Vermieterin stellte einmal etwas spitz fest, daß Edith ja auch glücklich lachen konnte, sonst mache sie immer „so ein schaffig's Gesicht".

Selbst eine eisern disziplinierte Arbeiterin, scheint sie ihre Umgebung tatsächlich ab und zu überfordert zu haben. Gern wird jene kaum glaubliche Geschichte von einer sonst sehr fleißigen Schülerin zitiert, die sich am Tag vor dem Klassenaufsatz die rechte Hand verletzt hatte und jetzt vom Mitschreiben befreit werden wollte. Edith Stein, die Deutschlehrerin, soll ungerührt erwidert haben: „Nun, dann probieren Sie es eben mit der linken Hand." Das Mädchen erzählte diese Geschichte später sogar voller Respekt, weil sie sicher war, daß die Lehrerin das an ihrer Stelle ganz selbstverständlich getan hätte.

Später bei ihren Besuchen in Beuron fiel sie öfters unangenehm auf, wenn sie sich etwa betont rasch vom Mittagstisch zurückzog, um zu meditieren. Als eine junge Nonne dort in der brütenden Julihitze die Kirche zwischen Nachmittagsandacht und Chorgebet kurz verließ, um Luft zu schöpfen, warf sie ihr die gereizte Bemerkung hin: „Ich kann nicht begreifen, wie man vom Beten müde wird!"

Die Glanzpunkte in einem Menschencharakter haben eben immer auch ihre Schattenseiten. Zu Edith Steins hervorstechendsten Talenten gehören ihre messerscharfe Beobachtungsgabe, ihre ständige geistige Präsenz (Hedwig Conrad-Martius: „Ich kann mich nicht erinnern, sie je müde gesehen zu haben"), ihr waches Interesse an allem und jedem und jene Art des Umgangs mit Problemen, die Phänomenologen „Sachlichkeit" zu nennen pflegen: die Fähigkeit, Tatbestände möglichst unvoreingenommen, ohne innerliche Barrieren aufzunehmen und nicht durch eigene Interessen und Wertungen zu filtern. „Innere Unbeweglichkeit" war ihr ein Greuel.

Aber dieselbe Edith Stein kann sich auch sehr skeptisch über „Verstandesdünkel", wie sie es nennt, und intellektuelle Arroganz äußern. Geistesarbeiter fühlten sich gern „auf den reinen Höhen der Abstraktion" erhaben über das gemeine Volk, das in den Niederungen der profanen Lebensbedürfnisse befangen sei. Doch gerade wenn der Verstand ausziehe, um die letzten Wahrheiten zu finden, stoße er an seine Grenzen, und der Stolz schlage entweder um in Verzweiflung, oder er akzeptiere demütig die Tatsache, „daß in den wesentlichsten Fragen und darum in der praktischen Lebensgestaltung ein ganz einfaches Menschenkind auf Grund höherer Erleuchtung dem größten Gelehrten überlegen sein kann".

Die komischen Theaterstücke der Philosophin

Edith Stein litt an der Kluft zwischen akademischen Fragestellungen und den wirklichen Nöten der Menschen. Sie lehnte aber auch später als Karmelitin unkritische Lobhudeleien auf Ordensleute ab; auch im Kloster gebe es genug Armseligkeit. Zitate aus ihrer Korrespondenz:

„Ich möchte Sie nicht betrüben, aber ich muß Ihnen doch einmal sagen, daß mich in Ihrem letzten Brief, wie schon manchmal früher, etwas peinlich berührt hat: das ist die Betonung eines angeblich ungeheuren Abstandes zwischen Ihnen und mir. Ich käme mir wie ein Pharisäer vor, wenn ich diese Versicherungen stillschweigend einstecken würde, denn ich kann keine objektiven Gründe dafür finden. Sie sind gewiß nicht der einzige Mensch, dem unser Gitter einen ehrfürchtigen Schauer einflößt. Aber dieses Gitter bedeutet doch nicht, daß jenseits – ‚in der Welt' – alles schlecht und diesseits alles Vollkommenheit sei. Wir wissen, wieviel menschliche Armseligkeit noch unter dem Habit verborgen ist, und darum ist es für uns sehr beschämend, wenn man Weihrauch streut. Gott ist über alles Begreifen barmherzig und großmütig und belohnt schon den bloßen Entschluß, sich ihm ganz zu weihen, im Übermaß. Vom Frieden seines Hauses spüren Sie etwas, wenn Sie hier sind, und das gönnen wir Ihnen von Herzen. Aber Sie müssen nicht einem armen Menschen zuschreiben, was Gottes Geschenk ist."

„Ich denke auch, es würde Ihnen guttun, ein bißchen bei uns zu sein. Wir haben Ihnen zwar nichts Großartiges zu bieten – gar keine schöne Liturgie oder dgl. Nur unsere fröhliche Armut und unsern Frieden. Es ist uns doch so viel leichter gemacht, dies zu bewahren, als denen, die täglich und stündlich in den Kampf gestellt sind. Und darum bin ich immer froh, wenn sich jemand etwas davon zur Stärkung im Kampf holen kann."

„Sie können sich gar nicht denken, wie tief es mich jedesmal beschämt, wenn jemand von unserem ‚Opferleben' spricht. Ein Opferleben habe ich geführt, solange ich draußen war. Jetzt sind mir fast alle Lasten abgenommen und ich habe in Fülle, was mir sonst fehlte."

„Wenn man das ganze Leben nur aus Opfern bestehen lassen will, ist die Gefahr des Pharisäertums nahe."

Doch wir sind in Edith Steins Lebenslauf ein Stück zu weit vorausgeeilt. Auch in ihrer Zeit als Universitätsassistentin, Lehrerin und Dozentin verstand sie es, ein gesundes Selbstbewußtsein als Wissenschaftlerin mit kritischer Einschätzung der eigenen Person zu verbinden. „Ist das ein bescheidenes Menschenkind!" staunte die sonst recht ruppige Haushälterin eines befreundeten Professors: „Der muß man gut sein." Ja, sie sei so bescheiden aufgetreten, „daß man ihre Gegenwart kaum bemerkte", urteilt eine andere Zeugin.

Ediths auffallendes Talent im Umgang mit Kindern paßt in diesen Zusammenhang. Bei der Verlobungsfeier ihrer Schwester Erna machte ihr ein kleiner Neffe das Angebot, sich mit ihm doch auch zu verloben. Dann müßten sie aber auch alles gemeinsam haben! Edith begriff sofort, nahm den Knirps auf den Schoß und teilte ihren Kuchen mit ihm. Von da an betrachtete er die uneigennützige Tante hartnäckig als seine Braut.

Und was für einen sprühenden Humor sie entwickeln konnte! Zur Hochzeit ihrer Schwester Erna dichtete sie ein herrlich komisches Theaterstück, in dem sich der Storch mit zwei Säuglingen unterhält, die er bei den Neuvermählten abzuliefern gedenkt. Die Babies entfalten dabei ein schier unstillbares Informationsbedürfnis. Später als Klosternovizin soll sie oft so herzlich gelacht haben, daß ihr die Tränen über die Backen liefen – auch wenn der Spaß auf ihre Kosten ging. In einem Brief berichtet sie über die „Berufskrankheit der Karmelitinnen": Schleimbeutelentzündung am Knie.

„Im täglichen Verkehr mit dem Herrn", so sagte sie 1931 in einem Vortrag, werde man eben allmählich sehr klein und demütig, geduldig und nachsichtig gegen die Splitter im Auge der anderen, weil einem der Balken im eigenen zu schaffen mache; „und man lernt schließlich auch, sich selbst in dem unerbittlichen Licht der göttlichen Gegenwart zu ertragen und sich der göttlichen Barmherzigkeit zu überlassen, die mit alldem fertig werden kann, was unserer Kraft spottet".

Wer sich selbst ohne Illusionen mit allen Schwächen und Unzulänglichkeiten annehmen kann, der vermag auch den Mitmenschen barmherzig und mit einer realistischen Liebe zu begegnen.

Je armseliger ein Menschenkind gewesen sei, so erinnert sich eine befreundete Gräfin, desto größer Ediths Freude, in ihm einen Liebling Gottes zu suchen. Die scharf beobachtende, unbestechliche Wissenschaftlerin war bekannt dafür, daß sie mit ihrer Meinung nicht hinter dem Berg hielt und ihr Gegenüber auch gern kritisierte. Aber wie sensibel und taktvoll sie die Wahrheit zu sagen verstand!

„In der gegenwärtigen Frage wird es Ihnen am ehesten helfen, wenn ich Ihnen geradeheraus sage, was ich von Ihren Fähigkeiten halte", schrieb sie einer Studentin. „Sie sind wohl nicht hervorragend begabt, wie Ihre Schwestern es sind. Und es ist natürlich bedrückend, immer so jemand neben sich zu haben. Aber Sie haben einen tüchtigen Verstand, dem prinzipiell nichts verschlossen ist. Sie verarbeiten nur langsam und sind schwerfällig im Ausdruck, darum werden Sie nie glänzende Ergebnisse erzielen – besonders nicht in Prüfungen. Aber Sie werden immer Brauchbares leisten. Was Sie verstehen, das dürfen Sie nicht an dem messen, was Sie reden können. Was Sie aufgenommen haben, das wirkt in Ihnen und aus Ihnen, auch wenn Sie nichts davon in Worte fassen können. Sie werden aber allmählich leichter sprechen lernen. Wenn wir uns Gott ganz in die Hände legen, dürfen wir zu ihm das Vertrauen haben, daß er aus uns etwas machen kann. Ihm steht es zu, das Urteil zu fällen. Wir brauchen uns nicht zu beobachten und zu messen."

Man müsse mit sich selbst Geduld haben, pflegte sie ihre Gesprächspartnerinnen zu ermutigen, „der Herr hat sie auch". Einem arg zaghaften und entscheidungsschwachen Mädchen, das sich selbst nichts zutraute, rät sie, Andersens Märchen vom häßlichen jungen Entlein zu lesen: „Ich glaube an Deine Schwanenzukunft. Nimm's nur den andern nicht übel, wenn sie vorläufig nichts davon entdecken können, und laß Dich dadurch nicht verbittern. Du machst nicht allein Tag für Tag vieles verkehrt – das tun wir alle. Aber der Herr ist geduldig und von großer Erbarmung."

Behutsam ermuntert sie einen seiner selbst nicht ganz sicheren Poeten: „Ihre Verse bedürfen keiner Entschuldigung, weil sie zu hart oder zu düster waren. Es ist wohl ein Zeichen von großer Weichheit, daß Sie selbst sie so empfinden." Und einer jungen Mutter, die gerade ihr Töchterchen verloren hat, schreibt sie einen zart mitfühlenden Weihnachtsbrief, statt sie mit aufdringlichen Trostsprüchen zu traktieren: „Auf alle Fälle denke ich an Sie und Ihre Kleine recht herzlich, besonders werde ich es in der Heiligen Nacht tun, vor der Krippe, die ich Ihren Kindern gern zeigen wollte. Dort ist man mit allen verbunden, die in aller Welt verstreut sind, und auch über alle Welt hinaus. Das ist ein trostvolles Geheimnis."

Beherrschendes Signum ihrer Persönlichkeit war aber fraglos eine unbedingte Wahrhaftigkeit, die sogar den Seligsprechungsprozeß ins Stocken zu bringen drohte. In den Dokumenten des Einleitungsverfahrens wird ihre Liebe zur Wahrheit, der sich alles andere unterordnen mußte, nämlich als Mangel an Liebe verbucht.

Schöne Verbrämungen hinterfragte sie schon in ihrer Doktorarbeit, die sich auch mit den Motiven des Handelns beschäftigte. „Wenn ich z. B. aus reinem Patriotismus zu handeln meine, indem ich als Kriegsfreiwilliger ins Heer eintrete", lesen wir da, „und nicht merke, daß Abenteuerlust, Eitelkeit oder Unzufriedenheit mit meiner gegenwärtigen Lage mit im Spiele sind, so entziehen sich jene Nebenmotive eben als noch nicht oder nicht mehr aktuelle meinem reflektierenden Blick, und ich unterliege einer inneren Wahrnehmungs- und Werttäuschung, wenn ich jene Handlung, so wie sie sich mir darstellt, hinnehme und als Bekundung eines edlen Charakters auffasse." Geschrieben immerhin auf dem Höhepunkt abendländischer Kriegsbegeisterung!

Keinen anderen Grundsatz hat sie mit so eiserner Konsequenz verteidigt wie den, sich selbst treu zu bleiben, koste es, was es wolle. Unsere Wirksamkeit an anderen, so schrieb sie ihrer Brieffreundin aus dem Benediktinerinnenkloster Freiburg-Günterstal, „wird nur so lange gesegnet sein, als wir keinen Zoll von der sicheren Grundlage unseres Glaubens preisgeben und unbeirrt durch alle menschlichen Rücksichten unserm Gewissen folgen."

Dazu paßte es auch, daß sie den Münsteraner Studentinnen in einer von katholischer Seite veranstalteten Diskussion sehr klare Worte über den Nationalsozialismus sagte, der sich an den Hochschulen breitzumachen begann. Gegen die braunen Schreihälse konnte sich die kleine Dozentin mit ihrer vornehmen, ruhigen Art freilich nicht durchsetzen. „Ihre Stimme war leise und verschwand beinahe in dem großen Saal", erinnert sich eine Zuhörerin.

Rollkommandos gegen die Juden

Als Edith Stein ihre Dozentur in Münster übernahm, bereiteten sich die Nazis auf die Machtübernahme vor, tobte überall im Reich ein mit Raffinesse und Brutalität geführter Kampf gegen die Juden, erschien bereits im neunten

Jahr der unsäglich primitive, aber erfolgreiche „Stürmer“, ein blutrünstiges Kampfblatt, mit der immer gleichen Schlagzeile auf der Titelseite: „Die Juden sind unser Unglück!“

„Stürmer“-Herausgeber Julius Streicher hatte schon 1926 die merkwürdige Theorie vom „artfremden Eiweiß“ verkündet, mit dem die „jüdische Köterrasse“ das Blut arischer Frauen zu vergiften suche. Im selben Jahr brachte das Hetzblatt auch die alte Legende von den jüdischen Menschenopfern in Riesenauflage unter die Leute. Ein zufällig erhaltener Schulaufsatz aus Gelsenkirchen zeigt, auf welch fruchtbaren Boden die Ausrottungspropaganda fiel: „Leider sagen heute noch viele: ‚Die Juden sind auch Geschöpfe Gottes. Darum müßt Ihr sie auch achten‘“, hat die kleine Erna notiert. „Wir aber sagen: ‚Ungeziefer sind auch Tiere, und trotzdem vernichten wir es.‘“

Edith Stein mit ihrem wachen Gespür für politische Entwicklungen hatte das Unheil längst kommen sehen. Eine Kollegin aus Speyer – die Kunstlehrerin Baronin von Bodman – behauptet sogar, sie habe schon 1918 beim Abzug der französischen Besatzer und beim jubelnden Empfang der deutschen Truppen gesagt: „Sie werden sehen, jetzt setzt erst eine Judenverfolgung ein und dann eine Kirchenverfolgung.“

Jedenfalls zweifelte sie nicht daran, daß die sogenannten „Multiplikatoren“ als erste gleichgeschaltet würden. Wenige Wochen nach der Machtergreifung 1933 fand eine groß aufgezogene nationalsozialistische Lehrertagung statt, an der auch die konfessionellen Verbände teilnehmen mußten. Ihr Kommentar: „Es wurde mir klar, daß man im Erziehungswesen am allerwenigsten Einflüsse dulden würde, die der herrschenden Richtung entgegen wären.“ Nun seien wohl auch die Tage des katholischen Münsteraner Instituts gezählt.

Am 25. Februar hielt sie ihre letzte Vorlesung; eines der

ersten Gesetze der neuen Herrenrasse schloß die „Nichtarier" aus allen öffentlichen Ämtern aus. Von jetzt an eskalierte der staatlich gelenkte Terror: Schlägertrupps der SA prügelten Juden auf offener Straße krankenhausreif. Braune Rollkommandos jagten „artfremde" Richter aus den Justizpalästen und zwangen jüdische Professoren, ihre Vorlesungen abzubrechen. An Häusern und Geschäften tauchten die ersten Hinweise auf: „Juden unerwünscht"; Hausbesitzer verkündeten auf Blechschildern stolz: „In diesem Grundstück wohnen keine Juden." Gegen jüdische Geschäfte, Ärzte und Rechtsanwälte wurden die ersten zentralen Boykottmaßnahmen organisiert. Und für den weihnachtlichen Gabentisch boten Spielzeugläden ein „zeitgemäßes und überaus lustiges Gesellschaftsspiel" an mit dem Titel „Juden raus!"

Edith Stein, die sich persönlich als getaufte Jüdin noch relativ sicher fühlen konnte, verfolgte voller Angst die Nachrichten aus ihrer Verwandtschaft. „Meine Lieben in Breslau sind natürlich sehr erregt und bedrückt", schrieb sie ihrer Freundin Conrad-Martius am 5. April 1933. „An unserem Geschäft macht es leider seit langem nicht viel Unterschied, ob es geöffnet ist oder nicht. Aber mein Schwager ... erwartet täglich seine Entlassung (Oberarzt an der Universitäts-Hautklinik) ... Jeder Brief enthält neue schlimme Nachrichten."

Wortreiche Klagen hörte man nicht von ihr, „aber es war erschütternd, das stille, schmerzhaft verzogene Gesicht zu sehen", notiert eine Studentin. „Schon damals trug sie einen Schimmer des Geheimnisses, das sich späterhin in ihrem Ordensnamen ‚vom Kreuz' ausdrückte, in ihren Zügen. Noch heute höre ich sie sagen: ‚Das alles wird sich einmal rächen', und ich kann nicht zweifeln, daß sie schon damals das bittere Strafgericht für unser armes Volk kommen sah."

Keinen Augenblick verfiel die katholische Dozentin auf

den Gedanken, sich gegen das Leid ihres Volkes abzuschotten. Als ob sie die jüdische Religion hätte ablegen können wie ein aus der Mode gekommenes Kleid! Das Schicksal dieses Volkes sei das ihre, hält sie in ihren Aufzeichnungen fast trotzig fest. In der Verfolgung der Juden erblickt sie einen „Kampf gegen die Menschheit Christi", und in dieser Zeit beginnt bereits der Gedanke der „Stellvertretung" in ihr Gestalt anzunehmen: Sterben mit dem eigenen Volk als höchste Form der Solidarität und zugleich als „Sühnopfer" im religiösen Sinn.

Hilferuf an den Papst

Zunächst aber versuchte sie ganz praktisch etwas zu unternehmen: Sie wollte nach Rom fahren und den Papst um eine Enzyklika zugunsten der verfolgten Juden bitten! Die stille, immer noch eher öffentlichkeitsscheue Wissenschaftlerin suchte das Gespräch mit dem höchsten Repräsentanten der katholischen Welt, um Christen und Juden zum Schulterschluß gegen die blutige Macht- und Ausrottungspolitik der Nazis zu bringen. Das war damals nicht nur ein mutiges Unterfangen, sondern eine Idee von geradezu prophetischer Klarheit. Denn nur der gemeinsame, entschlossene Widerstand aller nichtfaschistischen Weltanschauungen, Religionen und Konfessionen in Deutschland hätte den Marsch in den Abgrund vielleicht noch stoppen können.

Dazu war aber seinerzeit kaum jemand bereit. Allzu viele konservative Hitler-Gegner trösteten sich mit dem Gedanken, der Mann habe immerhin die „Bolschewiken" aus Deutschland hinausgefegt, und die beunruhigenden Gewalttaten des Regimes seien hoffentlich nur Kinderkrankheiten einer energisch durchgesetzten neuen Ordnung. Den meisten führenden Kirchenleuten, die nie ein positives

Verhältnis zur jungen Demokratie von Weimar entwickelt hatten und sich nach der strengen Autorität von einst zurücksehnten, fehlte der klare Blick für das, was sich jetzt anbahnte. Die Ausgrenzung, wirtschaftliche Vernichtung und Vertreibung der Juden (noch gab es keine KZs und keine Gaskammern) fand man zwar schlimm, aber wozu sich mit einem Volk solidarisieren, das einem im tiefsten Herzen immer fremd geblieben war? Den Priester, der sich den Judenstern als Zeichen der Solidarität an die Soutane heftet, gibt es nur auf der Theaterbühne (bei Hochhuth).

Deshalb war die Enttäuschung wohl unausweichlich. „Meine Erkundigungen in Rom ergaben", berichtet Edith Stein, „daß ich wegen des großen Andrangs keine Aussicht auf eine Privataudienz hätte. Nur zu einer ‚kleinen Audienz' (d. h. im kleinen Kreise) könnte man mir verhelfen. Damit war mir nicht gedient. So verzichtete ich auf die Reise und trug mein Anliegen schriftlich vor. Ich weiß, daß mein Brief dem Heiligen Vater versiegelt übergeben worden ist; ich habe auch einige Zeit darnach seinen Segen für mich und meine Angehörigen erhalten. Etwas anderes ist nicht erfolgt."

In den letzten Jahren hat die Forschung allerdings herausgefunden, daß Edith Steins Brief keineswegs irgendwo in den Archiven des Vatikans untergegangen ist. Papst Pius XI. – der gegenüber den Faschisten im eigenen Land kein Blatt vor den Mund nahm und Mussolini immer wieder öffentlich widersprach – beauftragte 1938 den Jesuitenpater John La Farge, einen mutigen Kämpfer gegen die Rassendiskriminierung in den USA, eine Enzyklika gegen Antisemitismus und Rassismus zu entwerfen. Sie sollte das ein Jahr zuvor erlassene Rundschreiben „Mit brennender Sorge" ergänzen, das der nationalsozialistischen Weltanschauung bereits eine unmißverständliche Absage erteilt hatte. Weil Pius XI. im Februar 1939 starb und sein Nachfolger Pius XII., als im selben Jahr der Zweite Weltkrieg ausbrach, sich zunächst einmal auf Appelle zum Frieden und Vermittlungsversuche zwischen den Kriegsgegnern konzentrierte, blieb es bei dem Entwurf. Pius XII. übernahm jedoch einige Gedanken daraus in seine erste Enzyklika „Summi Pontificatus".

Der niederländische Jesuit und Phänomenologe Jan H. Nota hat die Vorgänge um dieses geplante Rundschreiben gegen den Rassismus analysiert und kommt zu dem überraschenden Ergebnis: „Gott sei Dank ist dieser Entwurf ein Entwurf geblieben!" Hervorragenden Aussagen über die Einheit der Menschheit, die Verpflichtung zur sozialen Gerechtigkeit und die Unhaltbarkeit des Rassismus stehe nämlich eine ausgesprochen „rückständige" und im Kontext der damaligen Verfolgung fatale Theologie über Israel gegenüber. Der Entwurf sieht die historische Bedeutung des jüdischen Volkes und den Wert seiner religiösen Überzeugungen lediglich in einer Wegbereiterfunktion für Jesus Christus. Der Antisemitismus wird zwar abgelehnt, gleichzeitig aber wird die Pflicht der Kirche eingeschärft, ihre Kinder vor den Gefahren des jüdischen Unglaubens zu schützen. Professor Nota hält es durchaus für möglich, daß der Entwurf deshalb nicht publiziert wurde, weil es in der Umgebung des Papstes Leute gegeben habe, die mehr über Judentum gewußt hätten und von dieser verunglückten Theologie nicht besonders begeistert gewesen seien.

Ein Traum geht in Erfüllung

An eine Lehrtätigkeit in Deutschland war für Edith Stein jetzt nicht mehr zu denken. „Ich war fast erleichtert, daß ich nun wirklich von dem allgemeinen Los mitbetroffen war", schreibt sie, „aber natürlich mußte ich überlegen, was ich weiter tun sollte." Einige Zeit später erhielt sie ein Angebot, nach Südamerika zu gehen und dort ihre wissenschaftliche Arbeit fortzusetzen. Doch da hatte sie sich schon entschieden, ihren alten Traum wahrzumachen:

„Sollte es nicht jetzt endlich Zeit sein, in den Karmel zu gehen? Seit fast 12 Jahren war der Karmel mein Ziel ... Das

Warten war mir zuletzt sehr hart geworden. Ich war ein Fremdling in der Welt geworden."

Schon vor Übernahme der Dozentur in Münster hatte sie versucht, die Erlaubnis zum Ordenseintritt zu erhalten; man hatte sie ihr verweigert unter Hinweis auf ihre Mutter und die Wichtigkeit ihrer Aktivitäten in der Öffentlichkeit. „Aber nun waren ja die hemmenden Mauern eingestürzt. Meine Wirksamkeit war zu Ende. Und würde mich meine Mutter nicht lieber in einem Kloster in Deutschland wissen als an einer Schule in Südamerika?"

Ihre Sehnsucht nach dem Orden schmeckte jetzt in der Tat weniger nach Weltflucht als früher, und den Vorwurf einer überstürzten Entscheidung konnte man ihr nun auch nicht mehr machen wie damals kurz nach der Konversion, als sie sozusagen vom Taufbecken weg ins Kloster eilen wollte. Sie hatte mehr als ein Jahrzehnt als Christin in der Welt gelebt, in verantwortlicher Stellung, und konnte nun wirklich frei und ruhig wählen. Daß sie ihre Entscheidung nicht blind traf, sondern um den richtigen Weg rang, zeigt eine kleine Andeutung in einem 1931 geschriebenen Brief: „Daß sich vor dem entscheidenden Schritt noch einmal alles vor einen hinstellt, was man preisgibt und wagt, liegt in der Natur der Sache. Es muß ja so sein, daß man sich ohne jede menschliche Sicherung ganz in Gottes Hände legt, um so tiefer und schöner ist dann die Geborgenheit."

Daß sie schon 42 Jahre alt war, scheint die Karmelitinnen von Köln, wo sie sich im Mai 1933 vorstellte, nicht gestört zu haben. Die Novizenmeisterin gab jedoch wieder einmal zu bedenken, „ob man es verantworten könnte, jemanden aus der Welt fortzunehmen, der draußen noch viel leisten könnte". Beim zweiten Besuch in Köln sollte sich Edith Stein dem ganzen Konvent vorstellen, der nach den Ordensbräuchen über die Aufnahme einer neuen Kandidatin abzustimmen hat. Die Schwestern hinter dem Sprechgitter der Klausur interessierten sich besonders für ihre Erfahrungen im Kloster Beuron, das in der liturgischen Erneuerung damals eine Vorreiterrolle spielte, und unterzogen sie einigen kleinen Prüfungen; zum Beispiel sollte sie ein Liedchen singen. Als dies vollbracht war, seufzte Edith Stein erleichtert, das sei ihr schwerer gefallen, als vor tausend Menschen zu sprechen – was die guten Schwestern nicht verstehen konnten, sie hatten nie von Edith Steins öffentlicher Wirksamkeit gehört. Doch am nächsten Tag kam ein Telegramm: „Freudige Zustimmung. Gruß Karmel."

Ihre Angehörigen nahmen die Nachricht von Ediths bevorstehendem Klostereintritt zu ihrer Freude „geduldig und tapfer" auf. Schrecklich war für sie jedoch, daß ihre 84jährige Mutter so sichtlich unter ihrem Entschluß litt. „Meiner Mutter etwas verständlich zu machen, war ganz unmöglich", schrieb sie an Hedwig Conrad-Martius. „Es blieb in seiner ganzen Härte und Unfaßlichkeit stehen, und ich konnte nur gehen in dem festen Vertrauen auf Gottes Gnade und die Kraft unseres Gebetes. Daß meine Mutter selbst gläubig ist, und schließlich auch ihre immer noch so starke Natur machten es auch etwas leichter."

„Der letzte Tag, den ich zu Haus verbrachte", notierte sie später, „war der 12. Oktober, mein Geburtstag. Es war zugleich ein jüdischer Festtag, der Abschluß des Laubhüttenfestes. Meine Mutter besuchte den Gottesdienst in der Synagoge des Rabbinerseminars. Ich begleitete sie, weil wir diesen Tag möglichst ganz gemeinsam verbringen wollten. Erikas Lieblingslehrer, ein bedeutender Gelehrter, hielt eine schöne Predigt. Auf dem Hinweg in der Straßenbahn hatten wir nicht viel gesprochen. Um einen kleinen Trost zu geben, sagte ich, die erste Zeit sei nur eine Probezeit. Aber das half nichts. ‚Wenn du eine Probezeit auf dich nimmst, weiß ich, daß du sie bestehen wirst.'

Jetzt verlangte meine Mutter, zu Fuß heimzugehen. Etwa dreiviertel Stunden mit 84 Jahren! Aber ich mußte es zulassen, denn ich merkte wohl, daß sie noch gern ungestört mit mir reden wollte.

‚War die Predigt nicht schön?' – ‚Ja.' – ‚Man kann also auch jüdisch fromm sein?' – ‚Gewiß – wenn man nichts anderes kennengelernt hat.' Nun kam es verzweifelt zurück: ‚Warum hast du es kennengelernt? Ich will nichts gegen ihn sagen. Er mag ein sehr guter Mensch gewesen sein. Aber warum hat er sich zu Gott gemacht?'"

Und der Ausklang dieses schweren Tages: „Am Ende blieben meine Mutter und ich allein im Zimmer ... Da legte sie das Gesicht in die Hände und fing an zu weinen. Ich stellte mich hinter ihren Stuhl und nahm den silberweißen Kopf an meine Brust. So blieben wir lange, bis sie sich zureden ließ, zu Bett zu gehen. Ich führte sie hinauf und half ihr beim Auskleiden – zum erstenmal im Leben. Dann saß ich noch auf ihrem Bett, bis sie selbst mich schlafen schickte. Wir haben wohl beide in dieser Nacht keine Ruhe gefunden."

Am 14. Oktober 1933 trat Edith Stein in den Kölner Karmel ein. „Ich komme jetzt an dem Ort an", stellte sie glücklich fest, „wo ich schon längst hätte sein sollen."

4

Der Weg ins Exil

„Was nicht in meinem Plan lag,
das hat in Gottes Plan gelegen."

Exakt ein halbes Jahr später, am 15. April 1934, kniete Edith Stein in der kleinen Kirche des Kölner Karmel und beantwortete die Fragen, die der Ordensprovinzial nach jahrhundertealtem Ritus an sie richtete:

„Was begehrst du?"

„Die Barmherzigkeit Gottes, die Armut des Ordens und die Gesellschaft der Schwestern."

„Bist du entschlossen, bis zum Tode im Orden auszuharren?"

„So hoffe und will ich es, gestützt auf die göttliche Barmherzigkeit und das Gebet der Schwestern."

„Der Herr, der dich zu uns führte, entkleide dich des alten Menschen mit all seinem Tun!"

Ein brennendes Licht in der Hand, trat Edith Stein langsam auf die Klosterpforte zu und in den Kreuzgang, in dem ihre Mitschwestern in zwei Chören standen. Unter dem Gesang strahlender Hymnen vertauschte sie ihr weißes Brautkleid mit dem braunen Ordensgewand des Karmel und ihre damenhaften Schuhe mit den einfachen Sandalen einer Nonne. Als sie mit den Schwestern in feierlicher Prozession in den Altarraum der Kirche zurückkehrte und sich dort in Kreuzesform auf den Boden warf, war aus Edith Stein Schwester Teresia Benedicta a Cruce geworden – Teresia, die vom Kreuz Gesegnete.

Was ist der Karmel?

Der Karmel ist Gewalt auf der ganzen Linie!" So charakterisiert Gertrud von le Fort den Orden in ihrer bezaubernden Novelle von der kleinen Blanche de la Force, diesem furchtsamen Vögelchen, die als Karmelitin die Todesangst der ganzen Welt in sich trägt und gerade in ihrer Schwachheit Gott näher kommt als manche Helden.

Die Jüdin Edith Stein sah in dem einzigen abendländischen Orden, der seine Wurzel in Israel hat, wohl eine fruchtbare Berührung zwischen Altem und Neuem Bund: Griechische Mönche hatten im 5. oder 6. Jahrhundert in den waldreichen Schluchten des Karmelgebirges (Karmel heißt „Garten") oberhalb Haifa das erste Kloster gebaut und dort den Propheten Elija verehrt. Im Mittelalter besiedelten fränkische Eremiten die zahlreichen Höhlen und Grotten der Gegend und schlossen sich 1156 zu einer Gemeinschaft zusammen, die sich wieder an Elija und der Muttergottes orientierte. Ende des 16. Jahrhunderts spaltete sich der Orden in eine mildere und eine strengere Richtung; letztere ist mit dem Namen der großen Teresa von Ávila (deren Großvater übrigens ein zum Christentum konvertierter und trotzdem von der Inquisition verfolgter Jude war) und mit der Tradition der Karmel-Eremiten verbunden.

„Gott lebt, und ich stehe vor seinem Angesicht", hatte Elija gesagt, und diese Haltung prägt den Orden bis heute: Ganz arm und leer werden vor Gott, um die von allen menschlichen Sicherheiten und Machtsymbolen der Welt entleerte Seele von Gott füllen zu lassen – mit dem Schatz seiner Gegenwart. Vertrauensvoll alle Barrieren niederreißen, um Gottes strahlendes Licht ungehindert in den Menschen einfallen zu lassen. Noch vor ihrem Ordenseintritt hatte Edith Stein das einmal in einem Vortrag so umschrieben: „In selbstvergessener Liebe sich Gott restlos hinzugeben, das eigene Leben enden zu lassen, um für Gottes Leben in sich Raum zu schaffen, ist Motiv, Prinzip und Ziel des Ordenslebens."

Das hat mit düsterer Askese herzlich wenig zu tun (wo gibt es schon so eine fröhliche Weihnachtsfeier wie in einem Karmelkloster, wo in allen Zimmern und Winkeln wunderschöne Krippen aufgebaut sind und die Schwestern mit Silberglöckchen und Engelliedern zum Chorgebet geweckt werden?); genausowenig wie mit einer zur Problemflucht und Selbstbespiegelung verkommenen Beschaulichkeit. „Dem Herrn verbunden, bist du allgegenwärtig wie Er", gibt Edith Stein zu bedenken. „Nicht hier oder dort kannst du helfen, wie der Arzt, die Krankenschwester, der Priester. An allen Fronten, an allen Stätten des Jammers kannst du sein in der Kraft des Kreuzes." Karmeliten stehen vor Gott für andere – stellvertretend.

Leer werden von Vorurteilen und Voreingenommenheiten, um die Wirklichkeit ungehindert in sich einfließen zu lassen – dafür hatte die Phänomenologin Edith Stein unter dem Stichwort „Sachlichkeit" geworben. Die Glaubenshaltung des Karmel ist davon gar nicht so verschieden: frei werden vom Zwang zum Planen und Durchsetzenwollen, auch vom Zwang zur religiösen Leistung, um nur noch Gott in sich wirken zu lassen. Mit sich geschehen lassen, was *er* für gut findet. „Dieses Zurücktreten im Blick auf einen anderen ist das Gesetz des Karmel", meint die Münchner Philosophin Hanna-Barbara Gerl, „und es ist die merkwürdige Dialektik, daß man gerade dadurch offenbar eine Kontur erhält. Es ist die Dialektik, daß ein Gefäß um so mehr hergeben kann, je mehr es an sich selbst leer ist ..."

Leicht ist ihr dieses Leerwerden von sich selbst gewiß nicht geworden, der an Respekt und Bewunderung gewöhnten Wissenschaftlerin. Im Kloster galt sie zunächst einmal als liebenswerter Tolpatsch, denn ihre fast zwanzig Jahre jüngeren Mitnovizinnen stellten sich bei den alltäglichen Verrichtungen in Waschküche und Klostergärtchen erheblich geschickter an als sie, die bisher doch nur den Umgang mit Büchern und Zeugnisheften gewohnt war. „Kann sie auch gut nähen?" war das erste, wofür sich eine ältere Mitschwester interessierte. Die akademischen Probleme, die bisher ihr Leben bestimmt hatten, waren für ihre neuen Gefährtinnen böhmische Dörfer. „In der Welt sind Sie ja eine gescheite Frau gewesen, aber hier werden Sie nur immer dümmer", rutschte ihrer Novizenmeisterin einmal heraus.

Die so gerüffelte Kandidatin reagierte keineswegs verbittert, im Gegenteil. „Man lernt seine Fehler erst recht kennen, wenn man im Kloster lebt", gestand sie einer ehemaligen Schülerin. „In der Einsamkeit kann man sich über sich selbst sehr täuschen." Und ihre Freundinnen bat sie, für das „ungeschickte Novizenkind" zu beten, „bis eine einigermaßen brauchbare Klosterfrau aus mir wird".

Soviel Demut begeisterte ihre Mitschwestern. Sie sei „so lieb und gelehrig", schwärmten sie, rühmten ihr lebhaftes Temperament und lauschten den spannenden Geschichten, die sie zu erzählen wußte. „Sie war ein Mensch, der Vertrauen schenkte und seine Hingabe arglos mitteilte", bescheinigt ihr eine Mitnovizin. Ausgerechnet im Kloster entdeckte sie ein bisher verborgenes schauspielerisches Talent, setzte eine fuchsrote Perücke auf und mimte in dem komischen Stück „Die drei Vagabunden Unserer Lieben Frau" überzeugend einen dieser schrägen Vögel. Als sie sich einmal den Fuß gebrochen hatte und für die Bühne ausfiel, verkörperte sie hinter den Kulissen nicht minder eindrucksvoll und mit majestätischer Stimme Gottvater.

Wenige ahnten, welche Nöte und Sorgen sich hinter diesem sonnigen Humor versteckten. Schwester Benedicta wußte sehr gut um das Leiden der Verfolgten, und sie schwebte in ständiger Angst um das Leben ihrer Verwandten. Schon 1933 hatte sie einer befreundeten Karmelitin geschrieben: „Ich glaube, wenn Du etwas mehr von dem wüßtest, wie viele Tausende jetzt zur Verzweiflung getrieben werden, dann würdest Du Dich danach sehnen, ihnen von ihrem Übermaß an Not und Leid etwas abzunehmen."

Schwester Benedicta stand in regem schriftlichem Verkehr mit ihren alten Bekannten, sie beriet Konvertiten und schrieb regelmäßig einmal pro Woche einen Brief an ihre Mutter. Monatelang hat die verbitterte alte Frau diese Briefe nicht beantwortet. Gegenüber der Dichterin Gertrud von le Fort schüttete Schwester Benedicta einmal ihr Herz aus:

„Nicht wahr, Sie helfen mir, für meine Mutter bitten, daß ihr die Kraft geschenkt wird, den Abschied zu ertragen, und das Licht, ihn zu verstehen." Und später: „Ganz besonders lehnt sie Konversionen ab. Jeder soll in dem Glauben leben und sterben, in dem er geboren ist. Von Katholizismus und Klosterleben hat sie schauderhafte Vorstellungen. Es ist im Augenblick schwer zu sagen, worunter sie am meisten leidet: unter der Trennung von ihrem jüngsten Kind, an dem sie immer mit besonderer Liebe gehangen hat, unter dem Grauen vor der völlig fremden und unzugänglichen Welt, in die es ihr entschwunden ist, oder unter der Gewissensnot, daß sie selbst schuld sei, weil sie mich nicht streng genug im Judentum erzogen hat."

Erst im folgenden Jahr konnte sich Frau Stein dazu durchringen, den Briefen ihrer Tochter Rosa an Edith einige Zeilen beizufügen, „und zwar jedesmal eine kleine Attacke", wie diese bemerkt. Es sei traurig, zu sehen, „was für ein Zerrbild sie sich zurechtgemacht hat – nicht nur von unserm Glauben und vom Ordensleben, sondern auch von meinen persönlichen Motiven –, und daran nichts ändern zu können. Aber ich weiß, daß jedes Wort umsonst wäre und sie unnütz aufregen würde." Immerhin hatte es Frau Stein fertiggebracht, den neugegründeten Breslauer Karmel zu besuchen, um sich über das Leben in so einem Haus zu informieren!

An der eingangs beschriebenen Einkleidungsfeier nahm jedenfalls niemand von der Familie teil. Auch nicht an der Gelübdeablegung am 21. April 1935. Es war Ostersonntag, das Kirchlein mit Frühlingsblumen geschmückt. Im Morgendämmer zog die Prozession der Nonnen vom Heiligen Grab durch den Kreuzgang in den Chorraum, wo Schwester Benedicta – zunächst für drei Jahre – Armut, Keuschheit und Gehorsam versprach.

Im selben Jahr verkündete „Stürmer"-Herausgeber Julius Streicher im Berliner Sportpalast, die „Judenfrage" sei keineswegs gelöst und man werde jetzt mit der „Reinigung" der Heimat beginnen. Am 15. September 1935 beschloß der Reichstag das „Reichsbürgergesetz", das die Juden zu Staatsangehörigen zweiter Klasse machte, und das „Gesetz zum Schutz des deutschen Blutes und der deutschen Ehre", das Ehen zwischen Juden und „Ariern" für nichtig erklärte. Wegen „Rassenschande" wanderten in der Folgezeit Tausende Unangepaßter in die Zuchthäuser und Konzentrationslager.

Nur ein starkes Ich kann sich loslassen

Mit sechs riesigen Bücherkisten war die passionierte Wissenschaftlerin in den Karmel eingezogen. Würde sie sich wirklich wohl fühlen können in der – für ihre Begriffe – geistigen Enge der Schwesterngemeinschaft, deren Frömmigkeit bestimmt weit größer war als das Bildungsniveau? So wie es aussah, würde Edith Stein dort nie mehr wissenschaftlich arbeiten können. Nicht nur Erzabt Walzer war skeptisch; er sprach von einem „allzu gewagten Stück".

Doch wie sie sich alle täuschten! „Sie lief einfach wie ein Kind in die Arme seiner Mutter, froh und singend dem Karmel zu, ohne diesen beinahe blinden Eifer auch nur eine Minute lang zu bereuen", stellte Walzer bald darauf staunend fest. „Nicht der Schatten eines Hintergedankens verdunkelte ihre edle Absicht."

Der Karmel war keine Notlösung, und zu Illusionen neigte Edith Stein ohnehin nicht. Nein, sie hatte sich bewußt entschieden: für zwei Dutzend weder akademisch gebildete noch intellektuell interessierte Mitschwestern, für ein zwölf Quadratmeter großes Zimmerchen, mit Strohsack, Tischchen, Nähkasten, Sitzbank, Wasserkrug, Holzkreuz und Papierbildern unüberbietbar karg ausgestattet, für ein eintöniges, immer wiederkehrendes Alltagsprogramm zwischen Chorgebet und Handarbeit. Edith Stein rutschte nicht zufällig in diese schlichte, verborgene Existenz hinein, sie wollte es so.

Sie wollte die Spiritualität des Karmel: leer werden für Gott. „Das heißt: unserem eigenen Willen völlig entsagen", so umschrieb sie es einmal, „und uns nur dem göttlichen Willen gefangen geben, unsere ganze Seele aufnahme- und formungsbereit in Gottes Hände legen."

Voraussetzung für eine solche Haltung ist ein grenzenloses Vertrauen. Einem Briefpartner gab sie den Rat: „zum Kinde werden und das Leben *mit* allem Forschen und Grübeln in des Vaters Hände legen. Wenn man das noch nicht fertig bringt: bitten, den unbekannten und angezweifelten Gott bitten, daß er einem dazu verhilft. Nun gucken Sie mich recht erstaunt an, daß ich mich nicht scheue, Ihnen mit so einfältiger Kinderweisheit zu kommen. Es *ist* Weisheit, *weil* es einfältig ist, und alle Geheimnisse sind darin verborgen."

Eigentlich sei diese – Kindern und Glaubenden gemeinsame – Sicherheit doch eine sehr vernünftige Angelegenheit, schreibt sie in „Endliches und ewiges Sein". „Oder wäre das Kind vernünftig, das beständig in der Angst lebt, die Mutter könnte es fallen lassen?"

Das kindliche Urvertrauen – für Schwester Benedicta ist es das Modell einer religiösen Einstellung schlechthin. In ihrem Nachlaß fand man ein Gedicht, das mit den Worten beginnt:

„Wer bist du, Licht,
das mich erfüllt
und meines Herzens Dunkelheit
erleuchtet?
Du leitest mich
gleich einer Mutter Hand,
und ließest du mich los,
so wüßte keinen Schritt
ich mehr zu gehn."

Leer werden vor Gott, sich selbst loszulassen lernen, ihn in sich wirken lassen, das hat nichts mit dem selbstgefälligen Genuß irgendwelcher religiöser Stimmungen zu tun, das bedeutet kein Abkapseln der Seele vor den Widrigkeiten der Welt. Ganz im Gegenteil. Menschen, die nicht mehr die eigenen Pläne durchsetzen wollen, sondern sich Gott schenken, werden frei, *sein* Werk zu tun und die Welt zu verwandeln. Fasziniert erzählt Benedicta a Cruce von den großen Mystikerinnen der Kirchengeschichte, die in der Stille, ganz in Gott versunken, einen unerhört scharfen Blick für die Nöte ihrer Zeit bekommen haben und zu Reformerinnen geworden sind.

Nur ein starkes Ich kann sich wegschenken („Wer sich selbst nicht ganz in der Hand hat, der kann nicht wahrhaft frei verfügen, sondern läßt sich bestimmen"); nur wer sich selbst akzeptiert und besitzt, ist zur totalen Liebe fähig, die das Siegel des Glaubens ist:

„Göttliches Leben aber ist Liebe: Liebe, die sich erbarmend zu jedem bedürftigen Wesen herabneigt; Liebe, die Kranke heilt und Tote zum Leben erweckt; Liebe, die hütet und hegt, ernährt, lehrt und bildet; Liebe, die mit den Trauernden trauert, die mit den Fröhlichen fröhlich ist, die jedem Wesen dienstbar wird, damit es werde, wozu es der Vater bestimmt hat ... Nur Gott kann eines Menschen Hingabe ganz empfangen und so empfangen, daß der Mensch seine Seele nicht verliert, sondern gewinnt. Und nur Gott kann sich selbst einem Menschen so schenken, daß er dessen ganzes Wesen erfüllt und dabei von sich selbst nichts verliert."

Es ist eine Liebe, die zwangsläufig in die Herzen der anderen Menschen ausstrahlt und keine kleinbürgerlichen Barrieren kennt: „Für den Christen gibt es keinen ‚fremden Menschen'. Der ist jeweils der ‚Nächste', den wir vor uns haben und der unser am meisten bedarf; gleichgültig, ob er verwandt ist oder nicht, ob wir ihn ‚mögen' oder nicht, ob er der Hilfe ‚moralisch würdig' ist oder nicht. Die Liebe Christi kennt keine Grenzen, sie hört nimmer auf, sie schaudert nicht zurück vor Häßlichkeit und Schmutz." Es ist eine Liebe, die loslassen kann, die nicht haben will, sondern schenken.

In ihrem schon mehrfach zitierten philosophischen Hauptwerk „Endliches und ewiges Sein" entwickelt Edith Stein einen verwegenen Gedanken: In einem liebenden Menschen erschafft Gott seinen Sohn neu. Denn wenn sich in einer Seele göttliches Leben entfaltet, dann ist es das Leben des dreifaltigen Gottes. „Sie übergibt sich dem Vaterwillen Gottes, der gleichsam in ihr aufs neue den Sohn erzeugt. Sie eint sich dem Sohn und möchte in ihm verschwinden, damit der Vater in ihr nichts mehr sehe als den Sohn."

Radikal konnte Schwester Benedicta nicht nur in solchen theologischen Höhenflügen sein, sondern auch in ihren praktischen Folgerungen für das Christsein im Alltag. Stehe doch jeder von uns „immer auf des Messers Schneide zwischen dem Nichts und der Fülle des göttlichen Lebens". In den „Kindertagen des geistlichen Lebens" liegt die Zukunft noch „sonnenhell" vor dem glaubenden Menschen – aber wer immer Christus angehört, muß seinen Weg ganz gehen, und das heißt, er muß ans Kreuz, in die Dunkelheit des schweigenden Gottes.

Christus stellt vor die Entscheidung: Wer nicht für ihn ist, der ist gegen ihn. Es sei ein weiter Weg „von der Selbstzufriedenheit eines ‚guten Katholiken', der ‚seine Pflichten erfüllt', eine ‚gute Zeitung' liest, ‚richtig wählt' usw., im übrigen aber tut, was ihm beliebt", zu einem echten Leben der Nachfolge.

Realistischer Alltagsglaube

Aus der Stille ihrer Klostermauern heraus rief diese hellwache Ordensschwester leidenschaftlich zur Weltverantwortung auf. Sie führte ein intensives Gebetsleben, das einsame Gespräch mit Gott war die Mitte ihrer Ordensexistenz („Was Gott in den Stunden inneren Betens in der Seele wirkt, entzieht sich menschlichem Blick. Es ist reine Gnade. Alle anderen Stunden des Lebens sind Dank dafür"), und obwohl sie über solche Erfahrungen schweigt, dürfen wir annehmen, daß sie mystische Erlebnisse hatte. Wenn sie in ihren Werken – vor allem in ihrem letzten Buch „Kreuzeswissenschaft" – über die mystische Beschauung theoretisiert, über die Erfahrung Gottes in der „dunklen Nacht des Glaubens", dann tut sie das so dicht und engagiert, daß sich der Eindruck eigenen Erlebens aufdrängt. „Es ist kein bloßes Annehmen der gehörten Glaubensbotschaft, kein bloßes Sichzuwenden zu Gott, den man nur vom Hörensagen kennt", so heißt es in der „Kreuzeswissenschaft", „sondern ein inneres Berührtwerden und ein Erfahren Gottes, das die Kraft hat, von allen geschaffenen Dingen loszulösen und emporzuheben und zugleich in eine Liebe zu versenken, die ihren Gegenstand nicht kennt."

Doch nie hat sie jemandem geraten, sich um irgendwelche Sonderwege religiöser Erfahrung zu bemühen. Sie ermutigte zu einem realistischen, tatkräftigen Glauben, gerade richtig für den tristen Alltag. In einem ihrer letzten

Vorträge 1932 hatte sie ein bißchen aus der Schule geplaudert: nervtötendes Tagwerk einer Lehrerin, fünf Stunden nacheinander, höchste Anforderungen an die Konzentration, Phasen der Müdigkeit, unaufmerksame Kinder, unvorhergesehene Unterbrechungen.

„Oder Bürodienst: Verkehr mit unangenehmen Vorgesetzten und Kollegen, unerfüllbare Ansprüche, ungerechte Vorwürfe, menschliche Erbärmlichkeit, vielleicht auch Not der verschiedensten Art. Es kommt die Mittagsstunde. Erschöpft, zerschlagen kommt man nach Hause. Da warten eventuell neue Anfechtungen. Wo ist nun die Morgenfrische der Seele? Wieder möchte es gären und stürmen: Empörung, Ärger, Reue. Und so viel noch zu tun bis zum Abend! Muß man nicht sofort weiter? Nein, nicht ehe wenigstens für einen Augenblick Stille eingetreten ist."

Und dann rät sie dazu, sich unbedingt eine Atempause zu verschaffen, sich wenigstens innerlich für einen Augenblick ganz zum Herrn zu flüchten. „Er ist da und kann uns in einem einzigen Augenblick geben, was wir brauchen. So wird es den Rest des Tages weitergehen, vielleicht in großer Müdigkeit und Mühseligkeit, aber in Frieden."

So unprätentiös hört sich die für den Karmel so charakteristische Kreuzesfrömmigkeit bei Edith Stein an. Sie verherrlicht das Kreuz nicht, sie leidet am Leid der anderen. Sie sehnt sich nicht nach dem Martyrium wie eine schwärmerische Masochistin, sie erklärt sich lediglich schlicht bereit, dem Herrn überallhin zu folgen. Aber sie weiß auch, daß es keine Christusnachfolge ohne Kreuzweg gibt. Weil Christus für den Menschen gestorben ist, ist die Vereinigung der Seele mit Gott immer „erkauft durch das Kreuz, vollzogen am Kreuz und für alle Ewigkeit mit dem Kreuz besiegelt".

Erschütternd, wie sie das Weihnachtsgeheimnis aus der Idylle hebt und die hingeschlachteten Kinder von Betlehem und Juda als Gefolge des Kindes in der Krippe zeichnet: Schon an diesem Kind scheiden sich die Geister, seine Hände „geben und fordern zugleich", das Kind in der Krippe ruft in eine Nachfolge, die den Tod bringen kann. „Auf den Lichtglanz, der von der Krippe ausgeht, fällt der Schatten des Kreuzes."

Der Weg des Glaubens ist ein dunkler Weg. Denn „alle Leiden, die von außen kommen, sind nichts im Vergleich zu der dunklen Nacht der Seele, wenn das göttliche Licht nicht mehr leuchtet und die Stimme des Herrn nicht mehr spricht. Gott ist da, aber er ist verborgen und schweigt."

Edith Steins Glaubensbekenntnisse sind oft genug aus der Verzweiflung geboren, darin liegt ihre Kraft:

„Oft wollten meine Kräfte
mir versagen.
Fast hofft' ich nicht mehr
je das Licht zu schaun.
Doch als im Schmerz
mein Herz erstarrte,
da ging ein klarer
Stern mir auf.
Er führte mich –
ich folgte ihm.
Erst zagend,
immer sich'rer dann.

Was ich
im Herzen tief verbergen mußte,
nun darf ich laut es künden:
Ich glaube –
ich bekenne.

Herr, ist es möglich,
daß einer neu geboren wird,
der schon des Lebens Mitte überschritt?
Du hast's gesagt,
und mir ward es zur Wirklichkeit.
Des langen Lebens Last
an Schuld und Leiden
fiel von mir ab.

Ach, keines Menschen Herz
vermag zu fassen,
was denen du bereitet,
die dich lieben.
Nun hab ich dich,
und lasse dich nicht mehr.

Wo immer meines Lebens Straße geht,
du bist bei mir.
Nichts kann von deiner Liebe
je mich scheiden."

Philosophie in der Arbeitspause

Ihre Freundinnen, die sie jetzt im Karmel besuchten, waren fasziniert. „Edith hatte immer schon, von Natur, etwas Kindliches und Freundliches an sich", notierte Hedwig Conrad-Martius nach einer solchen Begegnung. „Aber die Kindlichkeit, Vergnügtheit und Geborgenheit, die sie jetzt gewonnen hatte, war, wenn ich das sagen darf, bezaubernd."

Sie schien tatsächlich am Ziel ihrer Sehnsucht angekommen. Dieses Glück half ihr, mit der beklemmenden Angst um die Lieben daheim und mit dem ganz eigenen Streß ihres Klosterlebens fertig zu werden. Der Karmel nützte das Schreibtalent des Neulings natürlich aus; Schwester Benedicta wurde mit der deutschen Übersetzung des Einkleidungsritus und mit einem Lebensbild der Teresa von Ávila beauftragt, sie sollte lateinische Hymnen und deutsche Liedertexte dichten; letztere fielen freilich meist recht holprig aus („Jauchzt, ihr Völker, fröhlich seid! Jubelt dem Herrn, alle Lande weit!"). Erheblich besser gelang ihr die 1933 begonnene, frisch und anschaulich geschriebene Autobiographie „Aus dem Leben einer jüdischen Familie".

Zusätzlich arbeitete sie am Index ihrer Thomas-Übersetzung – und dann hatte sie 1935, nach Ablauf des Noviziats, wider Erwarten vom Ordensprovinzial den Auftrag bekommen, ihren Entwurf über „Akt und Potenz" (wieder ein Thomas-Motiv) zum Druck vorzubereiten. Schwester Benedicta schrieb eine komplette Neufassung, ein Riesenwerk von 1368 Manuskriptblättern. Man muß sich das einmal vorstellen: Dieses philosophische Testament, das höchsten wissenschaftlichen Qualitätsansprüchen genügt, entstand sozusagen während der Arbeitspausen des Ordenslebens, zwischen Chorgebet, Betrachtung und tausend Alltagspflichten (obwohl sie von einem Teil dieser Verpflichtungen befreit worden war).

Als Novizin informierte sie eine befreundete Ursulinenschwester über die Tagesordnung im Kölner Karmel; das dürre Zahlengerüst spricht Bände:

„Im Sommer:

04.30	Aufstehen
05.00–06.00	Betrachtung
06.00–07.00	Prim/Non
07.00	Hl. Messe
08.00–09.53	Arbeitszeit
09.53	Gewissenserforschung
10.00	Mittagessen, dann 1 Stunde Rekreation
12.00–13.00	Mittagsruhe
13.00–14.00	Arbeit (für uns 13.30 Noviziat)
14.00	Vesper – dann geistliche Lesung
15.00–16.45	Arbeit, dann Kreuzweg oder geistliche Lesung
17.00–18.00	Betrachtung
18.00	Nachtessen, dann Rekreation (jetzt 19.20 Maiandacht)
19.30	Komplet und Nachtgebet
20.00–21.00	Zelleneinsamkeit
21.00	Mette und Laudes, Gewissenserforschung, Vorbereitung der Morgenbetrachtung.

Im Winter um 05.30 Uhr aufgestanden, um 11.00 Uhr Mittag gegessen, und die Mittagsruhe fällt fort."

Nie länger als zwei Stunden ohne Unterbrechung arbeiten zu können – andere wären daran verzweifelt. Edith Stein dagegen gewann dem Zeitreglement noch etwas Gutes ab: Es sei doch ein Segen, „daß dem Sich-auffressen-Lassen ein Riegel vorgeschoben wird durch Tagesordnung und tägliche Pflichten".

Erst acht Jahre nach ihrem Tod, 1950, konnte das Werk unter dem Titel „Endliches und ewiges Sein" erscheinen. Auch hier wieder eine Synthese, ein Gespräch zwischen christlicher Philosophie und modernen Weltanschauungen, Thomismus und Phänomenologie. Gemeinsam sei ja all diesen Weltbildern das sehnsüchtige Fragen nach dem wahren Sein – ausgehend von der zwiespältigen Erfahrung des eigenen Seins.

Zwiespältig deshalb, weil der Mensch sein eigenes Sein immer nur als flüchtiges, bedrohtes, dem Nichts ausgesetztes erlebt. Die Angst, sich zu verlieren, in das Nichts zu verschwinden – Angst vor der Täuschung und Angst vor dem Tod –, begleitet ihn sein ganzes Leben hindurch. Aber „der unleugbaren Tatsache, daß mein Sein ein flüchtiges, von Augenblick zu Augenblick gefristetes und der Möglichkeit des Nichtseins ausgesetztes ist, entspricht die andere ebenso unleugbare Tatsache, daß ich trotz dieser Flüchtigkeit *bin* und von Augenblick zu Augenblick *im Sein erhalten* werde und in meinem flüchtigen Sein ein dauerndes umfasse. Ich weiß mich gehalten und habe darin Ruhe und Sicherheit ..."

Mitten im eigenen halt- und grundlosen Sein stößt der Mensch also auf ein anderes Sein, das er nicht gemacht hat, das – im Gegenteil – seiner eigenen Existenz Halt und Grund gibt. Ein Sein, das kein empfangenes und gemachtes ist, sondern aus sich selbst existiert. Ein zu flotter Gottesbeweis? Edith Stein formuliert sehr vorsichtig: „Die Seinssicherheit, die ich in meinem flüchtigen Sein spüre, weist auf eine *unmittelbare* Verankerung in dem letzten Halt und Grund meines Seins (unbeschadet möglicher mittelbarer Stützen) hin. Das ist freilich ein sehr dunkles Erspüren ..."

In unserer unsicheren, armseligen Existenz bricht also ein ewiges, vollkommenes Sein durch. Der Mensch braucht kein ins Dasein „Geworfener" (Heidegger) und zum Verschwinden ins Nichts

Verdammter zu bleiben. In der Begegnung mit dem persönlichen Gott kann er Heimat finden und einen Lebenssinn, der an der Schwelle des Todes nicht haltmacht.

Die auf den ersten Blick so abstrakte philosophische Spekulation wird zur Lebenshilfe, schenkt praktische Perspektiven. Schwester Benedicta: „Jeder Mensch ist ein ‚Ich'. Jeder fängt einmal an, sich ‚Ich' zu nennen. Darin liegt, daß auch sein ‚Ich-sein' einen Anfang hat ... sein Sein (ist) ein bedürftiges und aus sich nichtiges: es ist leer, wenn es nicht mit Gehalten erfüllt wird, und die Gehalte empfängt es aus den ‚jenseits' seines eigenen Bereichs liegenden Welten, der ‚äußeren' und der ‚inneren'. Und sein Leben selbst kommt aus dem Dunkel und geht ins Dunkel, hat unausfüllbare Lücken und wird von Augenblick zu Augenblick erhalten. Ein undenklicher Abstand unterscheidet es offenbar vom göttlichen Sein, und doch gleicht es ihm mehr als irgend etwas anderes, was im Bereich unserer Erfahrung liegt: eben dadurch, daß es ‚Ich', daß es Person ist. Wir werden von ihm aus zu einem – wenn auch immer nur gleichnishaften – Erfassen des göttlichen Seins kommen, wenn wir alles entfernen, was Nichtsein ist ... Das göttliche Ich ist kein leeres, sondern das in sich selbst alle Fülle bergende, umschließende und beherrschende ..."

Gewiß kann man an dieser Art des Philosophierens Kritik üben. Edith Stein formuliert oft recht apodiktisch, Glauben und Wissen trennt sie nicht immer klar, und schon die Fragestellung ihres Hauptwerkes setzt eigentlich den Glauben voraus. Messerscharfen rationalen Analysen, streng mit dem Instrumentarium des nüchternen Philosophen vorgenommen, folgen in ihren Abhandlungen regelmäßig Visionen einer Glaubenden, manchmal von poetischer Schönheit und fast mystischer Tiefe. Zu ihren Schlußfolgerungen könne man allein schon durch vernünftiges Denken kommen – die *Gewißheit* lasse sich nur aus dem absoluten Halt des Glaubens beziehen, das sagt sie selber.

Kritische Anmerkungen wie diese gehören sogar notwendig zum Umgang mit einer Wissenschaftlerin, die ihre Arbeit als Gesprächsimpuls verstand und durchaus fähig war, sich selbst zu hinterfragen. Man sollte nur nicht den Fehler machen und nun gleich die ganze Philosophin Edith Stein für ein verstaubtes Exemplar katholischer Vereinnahmungsstrategien erklären. Das wäre genauso falsch wie die beliebte Konzentration auf die Spiritualität der Schwester Benedicta unter völliger Mißachtung ihrer „profanen" Gelehrsamkeit.

Edith Stein sei damit ein bitteres Unrecht geschehen, sagt ihr Studienfreund und Kollege Roman Ingarden. „Edith Stein war ein Philosoph, ein Wissenschaftler und ist auch im Kloster Philosoph geblieben, ohne – unter den bestimmt schwierigen Umständen – ihre wissenschaftliche Arbeit aufzugeben ... Edith Stein hat, wie ihre veröffentlichten Arbeiten zeigen, ihre Untersuchungen leidenschaftlich und mit persönlicher Hingabe durchgeführt, und diese waren die Achse ihres geistigen Lebens."

Professor Ingarden trug diese Rehabilitation der Philosophin Edith Stein 1968 im Bischofshaus von Krakau vor ausgewähltem Publikum vor. Eingeladen hatte ihn der einstige Ethik-Professor und damalige Bischof von Krakau, Karol Woityła, der genau zehn Jahre später zum Papst gewählt wurde und sich in seiner ersten Enzyklika – mit deutlichen Anklängen an Max Scheler – ausführlich mit dem Begriff der menschlichen Person beschäftigte.

Wer druckt schon ein jüdisches Buch?

Schwester Benedicta selbst äußerte sich bisweilen recht deprimiert über das Fehlen von Diskussionspartnern und wissenschaftlichen Hilfsmitteln; manchmal fühlte sie sich bei aller Geborgenheit im Karmel doch etwas von der Welt abgeschnitten. Ihr alter Lehrer Husserl freilich erklärte stolz: „Ich glaube nicht, daß die Kirche einen Neuscholastiker von der Qualität Edith Steins hat – Gott sei Dank, daß sie weiterarbeiten darf im Kölner Karmel."

Als Husserl einige Jahre später im Sterben lag, gingen Ediths Gedanken immer wieder nach Freiburg. Sie macht sich keine Sorgen um den „lieben Meister", vertraute sie einer Freundin an. „Es hat mir immer sehr fern gelegen zu denken, daß Gottes Barmherzigkeit sich an die Grenzen der sichtbaren Kirche binde." Zumal Husserl sein philosophisches Werk durchaus als Vorbereitung auf die Frage nach dem „ewigen Sein" sah und am Ende seines Lebens gleichsam entschuldigend sagte, er habe Gott aus seiner Wissenschaft doch nur deshalb eliminieren müssen, um den Menschen einen Weg zu ihm zu zeigen, die nicht Edith Steins Glaubenssicherheit besäßen ... Kurz vor seinem Tod bekannte er: „Gott ist gut, ja Gott ist gut, aber sehr unverständlich ... Licht und Dunkel, ja viel Dunkel und wieder Licht."

Zwei Jahre zuvor hatte Schwester Benedicta einen Todesfall zu beklagen, der sie viel schlimmer traf: Ihre Mutter starb 87jährig an einem schmerzhaften Krebsleiden. Es war der 14. September 1936 und exakt die Stunde, in der Edith im Karmel ihre Gelübde erneuerte. „Als ich an der Reihe war, ... war meine Mutter bei mir", sagte sie zu einer Mitschwester. „Ich habe ihre Nähe deutlich empfunden." Noch am selben Tag kam das Telegramm mit der Todesnachricht.

Merkwürdige Gerüchte wollten wissen, Frau Stein sei auf dem Sterbebett katholisch geworden. Edith trat ihnen vehement entgegen: „Meine Mutter hat bis zuletzt an ihrem Glauben festgehalten. Aber weil ihr Glaube und das feste Vertrauen auf ihren Gott von der frühesten Kinderzeit bis in ihr 87. Jahr standgehalten hat und das Letzte war, was noch in ihrem schweren Todeskampf in ihr lebendig blieb, darum habe ich die Zuversicht, daß sie einen sehr gnädigen Richter gefunden hat und jetzt meine treueste Helferin ist, damit auch ich ans Ziel komme."

Benedicta a Cruce war zu dieser Zeit im Karmel wieder einmal mit Zuträgerarbeiten beschäftigt – für eine umfassende Chronik des Kölner Klosters und seiner Tochtergründungen, die ihre Priorin schrieb. Sie übernahm den Telefon- und Pfortendienst, hatte bei den Lieferanten Einkäufe zu tätigen und für Gäste zu sorgen, kümmerte sich monatelang rührend um eine krebskranke Mitschwester, schrieb zahllose Briefe an Konvertiten, hielt Kontakt mit Philosophen und Schriftstellern, beriet Besucher durch das Gitter des Sprechzimmers („es ist ja unser Beruf, für alle vor Gott zu stehen") – und kämpfte hartnäckig um den Druck ihres monumentalen Manuskripts „Endliches und ewiges Sein".

Eine ganze Reihe deutscher, österreichischer, ja sogar Schweizer Verleger äußerten sich lobend über das Werk, erklärten aber unter fadenscheinigen Vorwänden und mit großem Bedauern, drucken könnten sie es leider nicht. Edith Stein biß die Zähne zusammen und versuchte, nicht bitter zu werden. Sie wußte ganz genau, daß sie als Jüdin nicht mehr tragbar war. Schon 1935 hatte sie vergeblich auf die Veröffentlichung ihrer gewohnten Beiträge in der Zeitschrift „Die christliche Frau" gewartet. Freunde wollten Nachforschungen anstellen, aber sie bat, das lieber bleiben zu lassen: „Man hat sicher eingesehen, daß die Zeitschrift nicht mehr durch meine Mitarbeit gefährdet werden darf, hat aber noch nicht den Mut gehabt, es mir zu schreiben."

1937 fand sich endlich ein mutiger Verleger in Breslau, der das Werk der Nichtarierin drucken wollte. Der Vertrag wurde unterzeichnet, Schwester Benedicta las eifrig Korrektur, die Druckfahnen waren fast vollständig gesetzt – da teilte ihr der Verlag mit, „Endliches und ewiges Sein" könne nun doch nicht unter ihrem Namen erscheinen, aber man könnte doch den Namen einer Mitschwester verwenden, die der Reichsschrifttumskammer angehöre! Dazu waren nun weder Edith Stein noch die Mitschwester bereit, auch demütige Ordensleute haben ihren Stolz. Der Druck wurde gestoppt. „Ach, ich denke, es wird wohl ein posthumes Werk werden", sagte sie gelassen. Sie sollte recht behalten.

1933 hatte sie sich noch verhältnismäßig hoffnungsvoll geäußert: „Angriffe auf Kirchen und Klöster fürchte ich vorläufig nicht, weil die Regierung ja auf Millionen ihrer eigenen katholischen Wähler Rücksicht zu nehmen hat." Doch nun wußte sie, was die Stunde geschlagen hatte. Sie sei darauf gefaßt, jeden Tag aus dem Karmel herausgeholt zu werden, vertraute sie einer Besucherin an. Ihre Briefe aus dem Jahr 1938 sprechen eine deutliche Sprache:

„Am letzten Freitag hat sich mein Bruder von mir verabschiedet vor der Abreise nach Amerika. Es war gerade der 5. Jahrestag meines Eintritts und unser erstes Wiedersehen seitdem. Vielleicht nun für immer. Es ist alles in der Auflösung und im Aufbruch. Bitte, helfen Sie beten."

„Mein Schwager (der Vater unserer beiden Jüngsten) sucht auch drüben eine Existenz für seine Familie, seit den Ärzten die Approbation entzogen wurde. Das war vor einigen Monaten. Daraufhin sind auch die Kinder aus den Schulen genommen worden. Sie waren beide in Unterprima, 1 ½ Jahre vor dem Abitur. Susel hat jetzt als Haustochter in einer befreundeten Familie schwer zu arbeiten. Ernst Ludwig ist auf ein Gut gekommen, um Landwirtschaft zu lernen. Mein älterer Neffe Wolfgang (jetzt 26 Jahre) ist schon seit mehreren Jahren dort und wird wahrscheinlich mit mehreren Gefährten von dort aus demnächst nach Argentinien siedeln gehen."

„Heute mehr als je gönnt man jedem die ewige Ruhe und dankt für alle, die den Leiden dieser Zeit entronnen sind."

Vor diesem düsteren Hintergrund legte Schwester Benedicta am 21. April 1938 ihre ewigen Gelübde ab. Auf das Erinnerungsbildchen hatte sie das Wort des dunklen Mystikers Johannes vom Kreuz drucken lassen: „Mein einziger Beruf ist fortan nur mehr lieben."

Die Juden werden vogelfrei

Die Abschiedsbesuche befreundeter Juden, die Edith vor ihrer Abreise ins Exil noch einmal sehen wollten, mehrten sich. Ihr Patenkind Hede Spiegel, die Frau eines Rechtsanwalts, weinte im Sprechzimmer vor Angst. Und es war auch schon eine jüdische Ordensschwester unter den Besuchern, eine Benediktinerin aus Freiburg, die sich nach

Belgien in Sicherheit brachte und auf der Durchreise im Kölner Karmel Station machte. Sollten also auch schon die Juden in den Klöstern bedroht sein? Doch wenn Schwester Benedicta laut über eine mögliche Auswanderung nachdachte, wurde sie von ihrer Oberin gebeten, doch still zu sein, um die Mitschwestern nicht unnötig zu beunruhigen.

Am 10. April 1938 brach das mühsam aufrechterhaltene Schutzdach aus vernünftigen Hoffnungen und naiven Illusionen endgültig zusammen. Es war Wahltag, und Edith Stein hatte ihre Gefährtinnen wochenlang beschworen, ohne Rücksicht auf Verluste gegen Hitler zu stimmen. Bisher war es üblich gewesen, daß der Konvent mit Sondererlaubnis des Erzbischofs die Klausur verließ und geschlossen zur Wahlurne ging. So hoffte man es zu ermöglichen, Schwester Benedicta unter irgendeinem Vorwand wie Unpäßlichkeit zu Hause lassen zu können und ihr die drohende Ausweiskontrolle zu ersparen. Denn wenn es herauskam, daß der Kölner Karmel eine Jüdin beherbergte, waren die schlimmsten Folgen für das Haus zu befürchten.

Aber die Nazi-Behörden, die wohl irgendeinen Tip bekommen hatten, machten den Schwestern einen Strich durch die Rechnung. In aller Frühe schleppte eine Abordnung der Wahlleitung eine Wahlurne in den Karmel, gab freundlich kund, man wolle den Nonnen das Verlassen der Klausur ersparen, und hakte die einzelnen Mitglieder des Konvents auf der mitgebrachten Liste ab. Am Ende natürlich die gefürchtete Frage, warum Edith Stein nicht gewählt habe.

„Die ist nicht wahlberechtigt."

Warum denn, wollten die Herren wissen.

„Sie ist nicht arisch."

Damit war das ängstlich gehütete Geheimnis gelüftet. Doch noch schreckte die Priorin vor Maßnahmen zurück – bis in der Nacht vom 9. zum 10. November überall im Reich die Synagogen brannten, Juden auf die Straße getrieben und die letzten jüdischen Geschäfte demoliert wurden. Im rheinischen Dinslaken jagte man jüdische Kinder aus ihrem zerstörten Waisenhaus in die kalte Nacht. In Düsseldorf holte die SA die Frischoperierten aus den Betten des Jüdischen Krankenhauses zum Appell auf die Straße. Aus einer Lungenheilstätte im Taunus schickte man sämtliche Juden auf einen stundenlangen nächtlichen Fußmarsch nach Frankfurt.

In den Tagen nach dieser „Reichskristallnacht" deportierte man mehr als 26000 jüdische Mitbürger nach Dachau, Buchenwald und Sachsenhausen. Die Juden in Deutschland verloren den Mieterschutz, durften städtische Parks nicht mehr betreten, mußten Radios, Schreibmaschinen und Schmuck abliefern und bekamen ein großes „J" in den Ausweis gestempelt. „J", Untermensch, Ausgestoßener, „artfremd", vogelfrei.

Jetzt endlich begriff Ediths Priorin, daß es höchste Zeit zum Handeln war. Palästina hatte die Grenzen bereits dichtgemacht. Deshalb fragte man im niederländischen Karmel Echt an, 150 Kilometer von Köln entfernt und freundschaftlich mit dem rheinischen Kloster verbunden. Im Kulturkampf unter Bismarck war der gesamte Kölner Konvent nach Echt geflohen, und die meisten Schwestern dort waren noch immer Deutsche. Der Konvent erklärte sich gern bereit, Edith Stein aufzunehmen, und am Silvesterabend brachte man sie in der Dunkelheit im Auto über die holländische Grenze.

„Hier bin ich mit der größten Liebe aufgenommen worden", notierte sie nach der Ankunft in ihrem freiwilligen Exil. Sie bemühte sich, ihre Ungeschicklichkeit bei den Hausarbeiten zu überwinden: „Man hätte sie beim Putzen sehen müssen", amüsierten sich ihre Mitschwestern noch nachträglich. „Es sah aus, als ob man einen Hund an einer Kette durch die Gänge schleppte. Sie zog mit der rechten Hand den Aufnehmer durch den Gang, in der Hoffnung, daß etwas Staub daran hängenbliebe." Sie lernte fleißig Holländisch – ihre sechste Fremdsprache – und gewann mit ihrer Hilfsbereitschaft und Liebenswürdigkeit bald alle Herzen. Sie habe so herzlich lachen können, erzählen die Echter Karmelitinnen.

In der Tat strahlte Schwester Benedicta eine bewundernswerte Gelassenheit aus; der Mensch habe hier keine bleibende Statt, sagte sie sich. „Bei ihm steht es, wie lange er mich hierläßt und was dann kommt." Um so mehr fühlte sie sich zum Gebet für die vielen verpflichtet, „die Härteres zu tragen haben als ich und nicht so verankert sind im Ewigen". Doch hinter soviel Tapferkeit stand die Sorge um das Leben ihrer Familie, die ihr das Herz zusammenkrampfte. Nicht allen Verwandten war es gelungen, sich in die USA abzusetzen; die Ausreisewilligen mußten ja eine Anforderung von drüben vorweisen können.

Ihre Schwester Frieda, so berichtet sie, sei aus Breslau in eine Nähstube auf dem Land geschickt worden, „mit elf andern Damen in einer Dachkammer untergebracht mit der Verpflichtung zu achtstündigem Arbeitsdienst". Ihr ältester Bruder und seine Frau erwarteten eine ähnliche Zwangsmaßnahme. Aus jener Zeit stammt eines ihrer düstersten Gedichte:

„Es tritt der Herr die Kelter,
und rot ist sein Gewand.
Er fegt mit eisernem Besen
gewaltig über das Land.
Er kündet im Sturmesbrausen
sein letztes Kommen an.
Wir hören das mächtige Sausen –,
der Vater allein weiß, wann.

Wer wird uns Führer sein
aus Nacht zum Licht?
Wie wird der Schrecken enden?
Wo trifft die Sünder das Strafgericht?
Wann wird sich das Schicksal wenden?

Der am Ölberg
in blutigem Angstschweiß rang
mit dem Vater in heißem Flehen,
er ist es, dem der Sieg gelang,
da entschied sich das Weltgeschehen.
Dort fallet nieder
und betet an,
und fragt nicht mehr:
Wer? Wie? Wo? Wann?"

Am Ölberg bei Christus in seiner Todesangst ausharren und solidarisch mit ihrem verfolgten, gejagten, abgeschlachteten Volk sein – das wuchs für die jüdische Karmelitin immer zwingender zu einer unlösbaren Einheit zusammen. Wenige Tage vor der „Reichskristallnacht" hatte sie ihrer Freundin bei den Ursulinen in Dorsten geschrieben, sie vertraue darauf, „daß der Herr mein Leben für alle genommen hat. Ich muß immer wieder an die Königin Esther denken, die gerade darum aus ihrem Volke genommen wurde, um für das Volk vor dem König zu stehen. Ich bin eine sehr arme und ohnmächtige kleine Esther, aber der König, der mich erwählt hat, ist unendlich groß und barmherzig. Das ist ein so großer Trost."

„Wie erstarrt vor Schmerz" sei sie bei der Nachricht von den Pogromen 1938 gewesen, wird berichtet. Verzweifelt muß sie versucht haben, Gottes offensichtliches Schweigen zur Verfolgung seines Lieblingsvolkes zu bewältigen. Zwei Monate später erinnert sie die Ursuline an die bewußte Wahl ihres Ordensnamens: die vom Kreuz Gesegnete. „Unter dem Kreuz verstand ich das Schicksal des Volkes Gottes, das sich damals schon anzukündigen begann. Ich dachte, die es verstünden, daß es das Kreuz Christi sei, die müßten es im Namen aller auf sich nehmen. Gewiß weiß ich heute mehr davon, was es heißt, dem Herrn im Zeichen des Kreuzes vermählt zu sein. Begreifen freilich wird man es niemals, weil es ein Geheimnis ist."

Das jüdische Glaubenserbe der Christen

Manchmal hat es den Anschein, als müsse man die Jüdin Edith Stein ebenso rehabilitieren wie die Philosophin. Ihre Lebensbeschreibungen vermeiden nicht immer den Eindruck, die endlich zum wahren Glauben Emporgestiegene habe ihr Judentum von sich geworfen wie ein strahlender Schmetterling den lästigen Puppenkokon.

Hier wird ein schneidender Gegensatz konstruiert, wo eine verheißungsvolle Synthese gelungen ist, eine Distanzierung nahegelegt, wo doch Solidarität bis in den Tod hinein gelebt wurde. Als Christin ist Edith Stein dem jüdischen Gott in einer ungeahnten Intensität neu begegnet. Und in ihrem Stellvertretungsgedanken bringt sie jüdisches Martyrium und karmelitanische Geisteshaltung zu einem erschütternden Glaubenszeugnis zusammen.

Dem Irrtum sind übrigens nicht nur die Christen erlegen: „Indem sie katholisch wurde, hatte unsere Tante ihr Volk im Stich gelassen", so gibt ihre Nichte Susanne Batzdorff-Biberstein den damals in der Verwandtschaft vorherrschenden Eindruck wieder. Zwecklos, daß Edith Stein darauf hinwies, der Eintritt ins Kloster garantiere ihr keine Sicherheit. „Sie werde immer ein Teil ihrer Familie und auch ein Teil des jüdischen Volkes bleiben, auch als Nonne." Die Kluft sei durch solche Erklärungen nicht kleiner geworden.

Aber für uns sind sie sehr wichtig. Sie zeigen, daß Schwester Benedicta ihrem Volk unverbrüchlich treu geblieben ist. Schon als Schwesternhelferin im Lazarett war sie antisemitischen Äußerungen mit dem herausfordernden Bekenntnis, sie sei Jüdin, entgegengetreten. Mitschwestern aus Echt berichten, abträgliche Bemerkungen über Juden habe sie nur schwer ertragen können. Den Jesuiten pflege man ja auch alles Mögliche anzudichten, sagte sie dann meistens.

Wir wissen bereits, daß sie auch im Karmel ihre jüdischen Freunde empfing, Auswanderungspläne durchdiskutierte, riet und tröstete. „Mit geradezu flammender Anteilnahme" habe sie die zionistischen Projekte in Palästina verfolgt, bezeugt Pater Przywara. Ihr starkes Wir-Gefühl gipfelte in der lebenslangen engen Verbundenheit mit der Mutter. Zwei Jahre nach deren Tod, gerade hatte sich ihr Bruder Arno vor seiner Ausreise nach Amerika verabschiedet, schrieb sie einer Freundin: „An Allerseelen werden wir beide unserer Mutter gedenken. Dieses Gedenken ist für mich immer sehr trostvoll. Ich habe das feste Vertrauen, daß meine Mutter jetzt Macht hat, ihren Kindern in der großen Bedrängnis zu helfen."

Ihre Familienchronik – denn nichts anderes stellt ihre Autobiographie „Aus dem Leben einer jüdischen Familie" auf weite Strekken dar – lag ihr deshalb so am Herzen, weil sie ihren deutschen Landsleuten damit „jüdisches Menschentum" nahebringen wollte. Aus den programmatischen Schriften und Reden der neuen Machthaber blicke einen ein „erschreckendes Zerrbild" an, stellt sie im Vorwort fest. „Großkapitalisten", „schnoddrige" Literaten und revolutionäre Wirrköpfe erschienen als einzige Vertreter des Judentums.

Freilich hätten viele Deutsche aus allen Schichten als Nachbarn, Schulgefährten oder Arbeitskollegen ganz andere Erfahrungen mit Juden gemacht und in deren Familien Herzensgüte, Verständnis und Hilfsbereitschaft gefunden, „und ihr Gerechtigkeitssinn empört sich dagegen, daß diese Menschen jetzt zu einem Pariadasein verurteilt werden. Aber vielen andern fehlen diese Erfahrungen. Vor allem wird der Jugend, die heute von frühester Kindheit an im Rassenhaß erzogen wird, die Gelegenheit dazu abgeschnitten. Ihnen gegenüber haben wir, die wir im Judentum groß geworden sind, die Pflicht, Zeugnis abzulegen."

Weit davon entfernt, ein unkritisches Loblied auf alles Jüdische zu singen, erzählt sie aus ihrer Kindheit und Jugend, schildert Verwandte und Freunde, macht die Glaubenskraft der jüdischen Religion verständlich, ohne die Schwächen ihrer Welterfahrung auszusparen – kurz, sie zeigt, daß Juden Menschen sind wie andere auch, Hoffnungsträger und Feiglinge, Egoisten und gewinnende Vorbilder an Güte. Daß eine solche wahrhaftige Darstellung etwas gegen die Haßparolen der politischen Führung ausrichten würde, war freilich nur ein frommer Wunsch. Das Buch erschien erst 1963, der vollständige Text konnte – wie sie in ihrem Testament verfügt hatte – sogar erst nach dem Tod der hier porträtierten Geschwister 1985 veröffentlicht werden.

An Edith Steins Glaubensgeschichte läßt sich exemplarisch lernen, daß die Christen ihre eigene Religion erst dann voll verstehen und leben können, wenn sie deren jüdische Wurzeln kennen. Sie möchten sich nicht über die anderen Zweige des Baumes erheben, hat der Judenchrist Paulus seine Glaubensbrüder in Rom gewarnt: „Nicht du trägst die Wurzel, sondern die Wurzel trägt dich" (Röm 11,18). Glaube an den einen, treuen, persönlichen Gott, Schöpfungstheologie, Respekt vor dem Menschen, dem Ebenbild Gottes, Hoffnung auf eine gute Zukunft, Verpflichtung zum Engagement für eine gerechte Welt, Hoffnung auch für die Toten, die nicht vergessen sind, sondern von Gott zum Leben auferweckt werden – alles jüdisches Glaubenserbe, das die Christen nicht bedroht, sondern bereichert und befruchtet. Keine feindselige Konkurrenz, sondern gemeinsames Warten auf den großen Tag Gottes.

Wenn Edith Stein schon als Lehrerin den ganzen Karfreitag vom frühen Morgen bis in die Nachtstunden hinein fast unbeweglich vor dem Altar der Beuroner Klosterkirche verbrachte, wenn sie dasselbe in der Weihnachtsnacht tat und auf Fragen erstaunt zurückgab: „Wie könnte diese Nacht ermüden!" – dann scheint darin etwas von der begeisterten Freude an Gott auf, die uns an frommen Juden so fasziniert. Beten nicht als lästige Pflichtübung, sondern als Herzensbedürfnis, fast möchte man sagen, als Lust.

Die katholische Liturgiereform unserer Tage hat die alten jüdischen Segenssprüche über Brot, Wein und Feldfrüchte, wie sie schon Jesus gebrauchte, in den Gottesdienst übernommen. Aber lange vor solchen Erkenntnissen betonte Edith Stein bereits die

Herkunft des liturgischen Betens aus dem Judentum, wies sie darauf hin, daß Jesus die Eucharistie im Rahmen eines Passahmahles eingesetzt und so das Gedächtnis der Befreiung aus der ägyptischen Gefangenschaft in das Freudenmahl der Erlösten übergeführt hat. „Aus den evangelischen Berichten wissen wir", so Schwester Benedicta in einer 1936 veröffentlichten Meditation, „daß Christus gebetet hat, wie ein gläubiger und gesetzestreuer Jude betete. Wie von Kindheit an mit seinen Eltern, so ist er später mit seinen Jüngern zu den vorgeschriebenen Zeiten nach Jerusalem gepilgert, um die Hochfeste im Tempel mitzufeiern."

Daß sie den Karfreitag so intensiv beging, mit ununterbrochenem Beten, Schweigen und Fasten, hat seinen Grund wohl auch darin, daß dem Todestag Jesu im alten Israel der Versöhnungstag entspricht: jener Tag, an dem man einem Widder alle Schuld des Volkes auflud und diesen „Sündenbock" dann in die Wüste hinaustrieb. Jener einzige Tag im Jahr, an dem der Hohepriester das Allerheiligste des Tempels betrat, um für Israel zu beten und das Versöhnungsopfer darzubringen.

Der Versöhnungstag war Ediths Geburtstag. Sie hat nie vergessen, wie ihre Mutter an diesem Fest vierundzwanzig Stunden lang, wie es Vorschrift war, keinen Bissen und keinen Schluck zu sich nahm, wie sie am Morgen von Bett zu Bett ging und von allen Kindern liebevoll Abschied nahm, um anschließend den ganzen Tag betend in der Synagoge zu verbringen, und wie sie am Abend abgeholt wurde und sich die ganze Familie zum fröhlichen Feiern zusammenfand.

In ihren Briefen zitiert Edith Stein nicht nur aus den in Klöstern traditionsgemäß gepflegten Psalmen, sondern auch aus unbekannten Büchern des Alten Testaments; als Lehrerin hatte es sie sehr betrübt, daß sich die Schülerinnen so schlecht darin auskannten. Schwester Benedicta verehrte die großen Frauen Israels, Debora, Judit, Ester; den üblichen harten Trennungsstrich zwischen Altem und Neuem Bund vermochte sie nicht zu ziehen. Einem befreundeten Jesuiten vertraute sie einmal an, wie stolz sie darauf war, aus demselben Volk zu kommen wie Jesus: „Sie ahnen nicht, was es für mich bedeutet, wenn ich morgens in die Kapelle komme und im Blick auf den Tabernakel und auf das Bild Mariens mir sage: sie waren unseres Blutes."

Als Christin lernte Edith Stein, Schwester Benedicta, den Gott, der ihr Volk seine ganze Geschichte hindurch getragen und geprägt hat, erst wirklich lieben.

Sterben, damit andere leben können

Die Schicksalsgemeinschaft zwischen Christen und Juden wollte sie selbst, solidarisch mit ihrem Volk, bis zum bitteren Ende leben. Das ist der Sinn ihres Sühnegedankens, der manchmal Anstoß erregt hat, weil er nicht tief genug verstanden wurde. Es ist ein Gedanke, der die zähe Glaubenskraft der Juden und die hintergründige Spiritualität des Karmel verbindet und sich durch Ediths geistliche Biographie wie ein roter Faden zieht: sich selbst opfern, um andere zu befreien. Sterben, damit andere leben können. Stellvertretung. Liebe in letzter Konsequenz. Liebe, die das Leben kostet.

Schon vor ihrem Klostereintritt kreisen ihre Gedanken, zunächst zaghaft und wenig konkret, um diese Idee: Nicht der Begeisterung oder den Werken der Barmherzigkeit verdanke die Kirche ihr Bestehen, heißt es in einem philosophischen Manuskript. „Sondern dadurch, daß der einzelne vor Gott steht, vermöge des Gegeneinander und Zueinander von göttlicher und menschlicher Freiheit, ist ihm die Kraft gegeben, für alle da zu stehen, und dieses ‚Einer für alle und alle für einen' macht die Kirche aus ... Je mehr einer von der göttlichen Liebe erfüllt ist, desto mehr ist er geeignet, die für jeden prinzipiell mögliche Stellvertretung faktisch zu leisten."

Und in einem Vortrag 1931 meint sie, wer mit Christus verbunden sei, der werde auch in der „dunklen Nacht der subjektiven Gottferne und -verlassenheit" unerschüttert ausharren; „vielleicht setzt die göttliche Voraussicht seine Qual ein, um einen objektiv Gefesselten zu befreien."

Immer wieder, so berichtet Pater Johannes Hirschmann, der sie in Echt kennenlernte, habe sie gefragt, wer wohl dafür sühne, was im Namen des deutschen Volkes am jüdischen Volk geschehe, wer bereit sei, diese entsetzliche Schuld zum Segen für beide Völker zu wenden. Es müsse doch möglich sein, dem Haß so zu begegnen, daß den Hassenden eine „letzte Gnade" des Erkennens geschenkt werde.

Bereits in einem Brief vom 16. Februar 1930 findet sich ein erster Hinweis auf die „Dringlichkeit des eigenen holocaustum" – ein traditionsreicher theologischer Begriff, wörtlich übersetzt „Ganzopfer".

Ein solches Sichaufgeben, so führte sie schon 1932 vor katholischen Akademikerinnen in Zürich aus, sei nicht mit „Entpersönlichung" zu verwechseln, „um in indischem Nichts oder russischem Kollektiv zu verschwinden". Es bedeute vielmehr Hingabe an Gott und damit „Steigerung der Person über sich hinaus, Sprengung der Persönlichkeitsfessel in die Weite des Seins".

Stellvertretendes, erlösendes Leiden – das ist uralte jüdische Tradition. Der leidende Gottesknecht trägt die Schuld der Welt:

„Wie einer, vor dem man das Gesicht verhüllt, war er verachtet; wir schätzten ihn nicht. Aber er hat unsere Krankheit getragen und unsere Schmerzen auf sich geladen. Wir meinten, er sei von Gott geschlagen, von ihm getroffen und gebeugt. Doch er wurde durchbohrt wegen unserer Verbrechen, wegen unserer Sünden zermalmt. Zu unserem Heil lag die Strafe auf ihm, durch seine Wunden sind wir geheilt" (Jes 53, 3–5).

Das Christentum knüpft nahtlos an diese Tradition an, wenn es von Christus als dem „Lamm Gottes" spricht, dem die Sünde aller Menschen aufgebürdet wurde. Eine zentrale Rolle spielt der Gedanke der Stellvertretung schließlich in der Spiritualität des Karmel, wie die Geschichte der sechzehn Karmelitinnen von Compiègne zur Zeit der Französischen Revolution zeigt. Sie sterben lieber, als ihrem Orden abzuschwören, aber vorher bieten sie Christus freiwillig ihr Leben für das seiner bedrohten Kirche an.

Solche Weiheakte lägen durchaus auf der Linie des Karmel, versichert Gertrud von le Fort in ihrer schon zitierten Novelle „Die Letzte am Schafott", und sie äußert die Überzeugung, „daß wir in dieser Gesinnung die eigentlichen, die letzten und entscheidenden Reserven des Christentums vor uns haben, wenn es zum Äußersten kommt. (Was heißt denn eine Christenverfolgung anders, als daß sich der Opfertod Christi, welcher ein freiwilliger war, an den Gliedern seines mystischen Leibes wiederholt: In diesem Sinne stirbt kein christlicher Märtyrer gewaltsam!)"

Als Blutzeugin wird die jüdische Karmelitin Edith Stein das Leiden ihres Volkes mit dem Befreiungstod Christi am Kreuz verbinden: In den Juden wird der Jude Jesus, der zum verwundbaren Menschen gewordene Gott gehaßt, verfolgt, liquidiert. In seiner Auferstehung siegen auch die abgeschlachteten Märtyrer seines Volkes über den Tod.

Denn sein Blut, das den Kreuzesbalken gefärbt hat, ist Erlöserblut, kein Rächerblut. Angesichts der sogenannten Selbstverfluchung der Juden („Sein Blut auf uns und unsere Kinder!" Mt 27,35), die auf die fragwürdige antijüdische Tendenz eines einzigen Evangelisten zurückgeht, eindeutig die römische Justiz – die Jesus zum Tod verurteilt hat – entlasten soll und der Grundlinie des Neuen Testaments widerspricht, muß das klar gesagt werden. Denn diese „Selbstverfluchung" spukt immer noch in Christenköpfen herum und führt allzuoft zur fatalen Schlußfolgerung, die Juden seien eben selbst schuld an all dem Elend, das über sie gekommen ist.

Matthäus hat seine eigenen Zwecke mit dieser Interpretation verfolgt. Die Grundaussage des Neuen Testaments ist dagegen klar: Alle Menschen, auch die Juden, stehen unter dem Kreuz. Alle Menschen, auch die Juden, sind von Jesus Christus erlöst. Wenn sein Blut über die Kinder Israels kommt, so der katholische Neutestamentler Franz Mußner, dann als Erlöserblut.

Wir müssen das auch Schwester Benedicta entgegenhalten, die ein einziges Mal in das gefährliche Fahrwasser der herkömmlichen antijudaistischen Theologie geriet und nach der „Reichskristallnacht" beklommen feststellte: „Das ist die Erfüllung des Fluches, den mein Volk auf sich herabgerufen hat!" Allerdings fuhr sie fort: „Kain muß verfolgt werden, aber wehe, wer Kain anrührt.

Wehe, wenn die Rache Gottes für das, was heute an den Juden geschieht, über diese Stadt und über dieses Land kommt!"

Im Kriegsjahr 1939 zog Edith Stein jedenfalls ganz wach und bewußt die Konsequenz aus ihren Überlegungen: Dreimal hintereinander bot sie dem Gott der Juden und der Christen ihr Leben für das jüdische Volk und den Frieden an.

Am 26. März bat sie ihre Priorin schriftlich, sie möge ihr erlauben, „mich dem Herzen Jesu als Sühnopfer für den wahren Frieden anzubieten: daß die Herrschaft des Antichrist, wenn möglich, ohne einen neuen Weltkrieg zusammenbricht und eine neue Ordnung aufgerichtet werden kann. Ich möchte es heute noch, weil es die 12. Stunde ist. Ich weiß, daß ich ein Nichts bin, aber Jesus will es, und Er wird gewiß in diesen Tagen noch viele andere dazu rufen."

Am 9. Juni desselben Jahres schrieb sie ihr Testament nieder. Wieder bat sie Gott darin, ihr Leben und Sterben „zur Sühne für den Unglauben des jüdischen Volkes", „für die Rettung Deutschlands und den Frieden der Welt", schließlich für ihre lebenden und toten Angehörigen anzunehmen. Sie hat wohl auch für ihr geschundenes Volk gebetet, wenn sie regelmäßig vor dem allgemeinen Wecken aufstand und mit ausgebreiteten Armen am offenen Fenster ihrer Zelle kniete, den Blick starr zum Tabernakel der Kirche gewandt.

1940 marschierten die Nazis in Holland ein. Im Winter wurde das nächtliche Chorgebet im Echter Karmel bisweilen vom Lärm der deutschen Bomber gestört, die von der holländischen Küste aus ihre Angriffe gegen England flogen.

5

Der Weg nach Auschwitz

„Gott ist da, aber er ist verborgen und schweigt."

Edith hatte es geahnt: Nur für kurze Zeit sollten die Niederlande ein sicherer Zufluchtsort sein. Jetzt war die Gestapo auch hier allgegenwärtig. Was sollte Schwester Benedicta tun? Sie versuchte ihre Mitschwestern nicht noch mehr zu beunruhigen, als sie es ohnehin schon waren, und stürzte sich in eine Vielzahl von Aufgaben.

Sie arbeitete wieder an der Pforte, besorgte den Speisesaal, machte bei der Obsternte mit. Sie gab den Klosterneulingen Lateinunterricht und schrieb ein kleines Buch über Dionysius den Areopagiten, einen frühen mystischen Theologen aus Syrien, für den die innere Erfahrung Gottes wichtiger war als alles Wissen und Erkennen.

Gott sei nur in der persönlichen Begegnung zu finden. Edith Stein: „Wo dies schließlich zum eigenen Erlebnis wird, und zwar nicht mehr vermittelt durch Bilder und Gleichnisse, auch nicht durch Ideen – durch nichts mehr, was sich noch mit Namen nennen läßt –, da haben wir erst die ‚geheimnisvolle Offenbarung' im eigentlichsten Sinn, die ‚mystische Theologie', die Selbstoffenbarung Gottes im Schweigen. Sie ist der Gipfel, zu dem die Stufen der Gotteserkenntnis emporführen."

Und an anderer Stelle: „Was der Prophet hört und schaut, ist gleichsam die ‚hohe Schule' der symbolischen Theologie ... Aber wichtiger ist noch das innere Berührtwerden von Gott ohne Wort und Bild. Denn in dieser persönlichen Begegnung findet das intime Kennenlernen Gottes statt, das erst die Möglichkeit gibt, ‚das Bild nach dem Original zu gestalten'."

Die dunkle Nacht des Glaubens

Und dann erhielt sie den Auftrag zu ihrem letzten großen Werk: Zum bevorstehenden 400. Geburtstag des Johannes vom Kreuz sollte sie sein Leben und seine Theologie beschreiben. Es wurde wieder ein monumentales Manuskript, das sie „Kreuzeswissenschaft" nannte. Sie arbeitete verbissen und emsig daran, wenn es ihr auch an Literatur fehlte. Nie kam sie auf die Idee, sich mit ihrer Gelehrsamkeit wichtig zu machen; angeblich hat sie mit ihren Mitschwestern während dieser ganzen Zeit nur zweimal über Johannes vom Kreuz gesprochen.

In ihrem letzten Buch geht es vordergründig um die mystische Kreuzestheologie dieses Karmeliten, genauso aber auch um die Glaubensschule, die ein vom Kreuz geprägtes Leben darstellt. Ein eminent modernes Anliegen: Wie kann man glauben, während Gott zu schweigen scheint?

Die „dunkle Nacht des Glaubens", so ihre Antwort, ist aber charakteristisch für die innere Erfahrung Gottes. Denn den Gekreuzigten kann nur finden, wer selbst arm und erniedrigt, ja von Gott verlassen ist. Das „mitternächtliche Dunkel des Glaubens" ist der einzige Weg zu Gott, der sich am Kreuz vernichten ließ, um den Menschen zu retten.

Doch der Mensch, der mutig in diese Nacht hineingeht, wird sie plötzlich erleuchtet finden. Wenn er erkennt, daß Christus in der äußersten Verlassenheit und Erniedrigung den Menschen am treuesten war und das Größte gewirkt hat und daß er sich in seiner Verlassenheit genauso wie der Gekreuzigte ganz in Gottes Hände geben soll, dann wird ihm der „Strahl der Finsternis" (Dionysius Areopagita) zuteil, die dunkle Erkenntnis, die allein dem unfaßlichen Gott entspricht, „der den Verstand blendet und ihm als Finsternis erscheint".

Diese „Nacht des Glaubens" entlarvt jede menschliche Selbsttäuschung. Jetzt gibt es keinen pharisäischen Hochmut mehr und keine selbstgefällige Freude an der eigenen Frömmigkeit. Die Wirklichkeit der natürlichen Welt wird von einer stärkeren Wirklichkeit aus den Angeln gehoben: „Die starke Hand des lebendigen Gottes muß selbst eingreifen, um die Seele aus den Schlingen alles Geschaffenen zu befreien und an sich zu ziehen. Dieses Eingreifen ist die dunkle, mystische Beschauung, verbunden mit der Entziehung alles dessen, was bisher Licht, Halt und Trost gegeben hat."

Wir kennen das aus der Seelenhaltung des Karmel: Der Mensch muß ganz leer werden für Gott. Dann wird er durch Gottes Feuer, das ihn läutert und seine letzten Abhängigkeiten verbrennt, zur „lebendigen Liebesflamme" hindurchgehen. „Rückschauend erkennt dann die Seele, daß ihr alles zum Heil geworden ist und daß das Licht den Finsternissen entspricht ... So hat Gottes Hand tötend den Tod in Leben gewandelt."

Noch am Tag ihrer Verhaftung hat Schwester Benedicta an diesem Buch gearbeitet. Als die SS kam, schilderte sie gerade den friedlichen Tod des heiligen Johannes. Ihr eigenes Leben trat an die Stelle der literarischen Arbeit: „Was Edith Stein nicht zu Ende schreiben konnte, das lebte sie zu Ende", sagte ihre Kölner Priorin, „beides zusammen ist das *Werk,* das sie uns hinterließ."

Im August 1941 begannen die deutschen Besatzer mit der „Endlösung der Judenfrage", wie das amtlich hieß, in den Niederlanden. In den folgenden Jahren wurden fast 100000 Juden in die KZs Auschwitz und Sobibor transportiert. Dieses Vernichtungsprogramm lief klammheimlich an; die eigentlich bedrohlichen Nachrichten erhielt der Echter Konvent aus Deutschland und Luxemburg: Dort hatten die Machthaber etliche Klöster aufgelöst, aus dem Luxemburger Karmel machten sie einen Tanzsaal für den Bund Deutscher Mädel.

Edith Stein reagierte auf die Alarmsignale mit unerschütterlicher Gelassenheit. „Wir haben uns zur Klausur verpflichtet", gab sie zu bedenken, „aber Gott hat sich nicht verpflichtet, uns immer in den Klausurmauern zu lassen. Er braucht es nicht, weil er andre Mauern hat, um uns zu schützen."

Und noch in dieser bedrohlichen Situation legte sie einen köstlichen Humor an den Tag: Zu ihrem 50. Geburtstag am 12. Oktober 1941 hatte ihr der Konvent eine phantasievolle Feier bereitet, bei der zahlreiche alttestamentliche Gestalten als Gratulanten auftraten. „An Moses war nur die Nase imposant", schrieb sie tags darauf an eine Briefpartnerin, „sonst war er klein und possierlich; auf der Rückseite seiner Gesetzestafel stand der Küchenzettel der letzten Woche ..."

Asylverfahren als Trauerspiel

Das kleine holländische Volk bewies eine phantastische Solidarität mit den Verfolgten; manche Niederländer steckten sich trotzig den Judenstern an. Edith und ihre Schwester Rosa – sie hatte mittlerweile aus Deutschland ausreisen dürfen und ebenfalls in Echt Zuflucht gefunden – wurden von der Gestapo vorgeladen und angebrüllt, weil in Ediths Paß das vorgeschriebene „J" fehlte, das Kainsmal der Juden. Die Ordensfrau solle gefälligst nach Breslau schreiben und „demütigst" um den Vermerk im Paß bitten. Und den gelben Judenstern hatte sie auch ab sofort zu tragen.

Jetzt war klar, daß Edith die Niederlande verlassen mußte; ihr Bleiben hätte eine Gefahr für den Echter Karmel bedeutet. Freundinnen nahmen Kontakt mit dem Schweizer Kloster Le Pâquier im Kanton Freiburg auf. Dort war jedoch nur sehr wenig Platz, Rosa hätte sich anderswo eine Bleibe suchen müssen. Dazu war Edith Stein nicht bereit.

Die Verhandlungen zogen sich hin. Einerseits hatten die deutschen Besatzer alle Nichtarier ultimativ aufgefordert, sich zur Emigration anzumelden, und Edith dachte nicht im Traum daran, sich illegal in irgendeinem Kloster zu verstecken, wie es andere taten – sie fürchtete die Folgen für den Echter Konvent. Andererseits gerieten die Ausreisebemühungen immer mehr zur Tragödie.

Kaum war ein zweites Schweizer Kloster für ihre Schwester Rosa gefunden, verweigerte die deutsche Behörde auf einmal die Auswanderungserlaubnis (während des Krieges sei an so etwas nicht zu denken), verlangte die Schweizer Fremdenpolizei zusätzliche Bürgschaften. Plötzlich erhob auch die zuständige vatikanische Kongregation zeitraubende Forderungen: Die Schweizer Klöster sollten förmliche Kapitelbeschlüsse über die Aufnahme der beiden Jüdinnen vorlegen, der zuständige Bischof mußte gehört werden, und aus Rom sei eine „assertion" nötig, die quälend lange auf sich warten ließ. Die Schweizer Fremdenpolizei machte neue Schwierigkeiten – wurde ihr Land doch von mehreren tausend Asylsuchenden bestürmt. Die Verzögerungen bedeuteten Lebensgefahr, was weder staatliche noch kirchliche Bürokraten einsahen. Am 28. Juli hatten Edith und Rosa erfahren, daß ihre Breslauer Geschwister mit ihren Familien ins KZ Theresienstadt gebracht worden waren.

Währenddessen hatte sich die Lage auch in den Niederlanden dramatisch zugespitzt. Die niederländischen Kirchen widersetzten sich der Nazi-Politik schon seit Jahren entschieden. Die Bischöfe hatten das Ansinnen der Deutschen zurückgewiesen, jüdische Kinder vom Unterricht in den katholischen Schulen auszuschließen, und sie lehnten auch die Anbringung des Plakats „Voor Joden verboden" an kirchlichen Gebäuden ab.

Am 11. Juli 1942 protestierten Kirchenführer aller Konfessionen in einem Telegramm an den Reichskommissar Seyß-Inquart gegen die Deportation jüdischer Familien.

Die Reichsregierung sicherte zwar trickreich zu, die getauften Juden seien von solchen Zwangsmaßnahmen nicht betroffen. Doch dadurch ließen sich die niederländischen Kirchen keineswegs von ihrer Solidarität mit dem verfolgten Judentum abbringen. Am 26. Juli wurde in allen niederländischen Kirchen sämtlicher Konfessionen ein flammender Protest gegen die Deportation jüdischer Familien verlesen – in den katholischen Gotteshäusern ergänzt durch ein Hirtenwort, das auch zur Selbstkritik aufrief („Denn sind wir nicht auch selber mitschuldig an den Katastrophen, die uns heimsuchen? ... Haben wir nicht vielleicht Gefühle unheiligen Hasses und der Verbitterung genährt?") und mit einem für die Besatzungsmacht höchst provokanten Gebet schloß:

„Darum, liebe Gläubige, flehen wir zu Gott, durch die Fürsprache der Mutter der Barmherzigkeit, daß er der Welt bald einen gerechten Frieden geben möge. Daß er das Volk Israel, das in diesen Tagen so bitter geprüft wird, stärken möge und es zur wahren Erlösung in Christus Jesus bringen möge ... Flehen wir zu ihm um Hilfe für alle Geprüften und Unterdrückten, für Gefangene und Geiseln, für so viele, über denen die Wolken der Drohung und Lebensgefahr hängen."

Ein so unverhohlener Widerstand gegen die Gleichschaltung der Gewissen konnte natürlich nicht geduldet werden – zumal auch das Protesttelegramm an den Reichskommissar von den Kanzeln verlesen worden war, was Seyß-Inquart ausdrücklich verboten hatte. Am 2. August – nach jüdischer Zeitrechnung war es der Monat Ab, in dem die Juden um den zerstörten Tempel trauern – schlugen die braunen Besatzer zu: Sie verhafteten sämtliche katholische Juden in den Niederlanden – schätzungsweise 1200 Menschen – und auch die jüdischen Ordensleute. Hitlers Statthalter Seyß-Inquart ließ keinen Zweifel daran, daß es sich um einen Racheakt handelte:

„Da die katholischen Bischöfe sich – ohne beteiligt zu sein – in die Angelegenheit gemischt haben, werden nunmehr die sämtlichen katholischen Juden noch in dieser Woche abgeschoben. Interventionen sollen nicht berücksichtigt werden."

„Komm, wir gehen für unser Volk!"

An diesem 2. August standen um 17 Uhr zwei SS-Offiziere vor der Tür des Karmels in Echt und verlangten Schwester Benedicta zu sprechen. Zunächst meinte man, es handle sich um die erbetene Ausreiseerlaubnis in die Schweiz. Doch sehr schnell wurde klar, was die grob und anmaßend auftretenden Besucher wirklich wollten.

„Der eine der beiden, der Wortführer", erinnert sich die Priorin, „forderte Schwester Benedicta auf, in fünf Minuten das Kloster zu verlassen. ‚Das kann ich nicht, wir haben strenge Klausur.' – ‚Machen Sie dies hier weg (er meinte das eiserne Gitter) und kommen Sie heraus.' – ‚Das müssen Sie mir erst vormachen.' – ‚Rufen Sie die Oberin.'"

Deren Protest erstickte der SS-Gewaltige mit der Drohung, es werde schlimme Folgen für das Kloster haben, wenn man Edith Stein nicht herausgebe. Auch ihre Schwester Rosa mußte mitkommen. Sie durften eine Decke mitnehmen, einen Becher, einen Löffel und Proviant für drei Tage. Draußen vor dem Kloster hatten sich währenddessen empörte Menschen versammelt, die eine drohende Haltung gegen die SS-Leute einnahmen. Aber Edith nahm ihre Schwester ganz ruhig bei der Hand und sagte zu ihr: „Komm, wir gehen für unser Volk!"

Ein Überfallwagen brachte die beiden zunächst in die Ortskommandantur Roermond und dann in das mit Stacheldraht umzäunte Sammellager Amersfoort. Unter Schlägen und Hieben mit dem Gewehrkolben wurden die Verhafteten in die verdreckten Baracken getrieben. Schlafen mußten sie auf eisernen Bettgestellen ohne Matratzen, die Toilette durfte nur gruppenweise, unter Bewachung, benutzt werden. Die SS-Männer machten sich einen Spaß daraus, die Ordensleute an die Wand zu stellen und das entsicherte Gewehr auf sie zu richten.

Keiner von den Eingelieferten wußte, was ihnen bevorstand. Sollten sie nach Deutschland transportiert werden, oder würde man sie irgendwo an einem versteckten Platz hinrichten? Quälende Ungewißheit. In dieser entsetzlichen Situation ging eine merkwürdige Ruhe von Edith Stein aus.

Im Augenzeugenbericht des Dominikanerpaters Ignatius Bromberg heißt es: „Die Schwestern bildeten eine abgeschlossene Gruppe, eine Art Kommunität, die Brevier und Rosenkranz zusammen beteten. Edith Stein wurde von allen als ihre Oberin angesehen, denn es war unverkennbar, daß von ihrem stillen Wesen ein starker Einfluß ausging."

In der Nacht zum 4. August lud man die Gefangenen wieder auf Frachtwagen und brachte sie in den Norden des Landes. Plötzlich hielt der Zug auf freier Strecke, die 1200 Menschen mußten aussteigen und wurden durch Wälder und Heiden in das Sammellager Westerbork getrieben, ein gespenstisches Terrain, mit meterhohem Stacheldraht und zahlreichen Wachttürmen umzogen, auf denen SS-Leute mit Maschinengewehren postiert waren. Stundenlang dauerte die Registrierung, dann wurden Männer und Frauen in getrennte Baracken gebracht.

Wieder waren die Menschen fasziniert von Ediths Gelassenheit und Tatkraft. Nach ihrem Tod und im Zuge des Seligsprechungsverfahrens meldeten sich immer wieder ehemalige Mithäftlinge zu Wort, die das Grauen überlebt hatten und nun erzählten, wie ihnen die Karmelitin begegnet war:

„Der Jammer im Lager und die Aufregung bei den neu Eingetroffenen waren unbeschreiblich. Edith Stein ging unter den Frauen umher, tröstend, helfend, beruhigend wie ein Engel. Viele Mütter, fast dem Wahnsinn nahe, hatten sich schon tagelang nicht um ihre Kinder gekümmert und brüteten in dumpfer Verzweiflung vor sich hin. Schwester Benedicta nahm sich sofort der armen Kleinen an, wusch und kämmte sie, sorgte für Nahrung und Pflege."

„Die eine Nonne, die mir sofort aufgefallen war und die ich – trotz der vielen abscheulichen ‚Episoden', deren Zeuge ich war – nie habe vergessen können, die Frau mit ihrem Lächeln, das keine Maske war, sondern wie ein warmes Leuchten aufging, ist diejenige, die durch den Vatikan vielleicht heiliggesprochen wird ... Als ich dieser Frau im Lager Westerbork begegnete ..., wußte ich sofort: Das ist ein wahrhaft großer Mensch ... Das war das Bild dieser älteren Frau, die so jugendlich wirkte, die so ganz und wahrhaftig und echt war. Bei einem Gespräch sagte sie: ‚Die Welt besteht aus Gegensätzen ... letzten Endes wird nichts bleiben von diesen Kontrasten. Die große Liebe allein wird bleiben. Wie sollte es auch anders sein können?' So sicher und demütig sprach sie, daß es die Zuhörer packen mußte. Ein Gespräch mit ihr ... das war eine Reise in eine andere Welt. In solchen Minuten bestand Westerbork nicht mehr ... ‚Daß Menschen so sein können, habe ich nicht gewußt', sagte sie einmal ... ‚Und daß meine Schwestern und Brüder so leiden müssen, das habe ich wahrhaftig auch nicht gewußt ... Jede Stunde bete ich für sie. Ob Gott mein Gebet hört? Ihre Klage hört er ganz gewiß.'"

„Der große Unterschied zwischen Edith Stein und den anderen Schwestern lag in ihrer Schweigsamkeit. Mein persönlicher Eindruck ist, daß sie zuinnerst betrübt war, nicht angstvoll. Ich kann es nicht besser ausdrücken, als daß sie den Eindruck machte, ein solch großes Maß von Leid zu schleppen, daß selbst, wenn sie einmal lächelte, es dich noch mehr betrübte. Sie sprach fast nie, nur blickte sie oft ihre Schwester Rosa unsäglich traurig an. Nun ich dies niederschreibe, kommt mir der Gedanke, daß sie voraussah, was ihrer und der anderen Menschen wartete. Sie war ja schließlich die einzige, die schon aus Deutschland geflüchtet war, und wußte darum mehr als die anderen ... Nochmals, das ist mein Eindruck: sie dachte an das Leid, das sie voraussah, nicht ihr Leid, dazu war sie viel zu ruhig, und ich möchte fast sagen, allzu ruhig, sie dachte an das Leid, das die anderen erwartete. Ihr ganzes Äußere weckte bei mir noch einen Gedanken, wenn ich sie mir im Geiste in der Baracke sitzend vorstelle – eine Pietà ohne Christus."

Jetzt durften die Häftlinge endlich ihre Angehörigen davon benachrichtigen, wo sie sich befanden und was sie dringend brauchten. Edith bat ihre Mitschwestern im Echter Karmel, Wollstrümpfe, warme Unterwäsche und Decken für sie und Rosa nach Westerbork zu schicken und im Schweizer Konsulat wegen der Ausreisegenehmigung Druck zu machen. Ein nach Westerbork geschickter Bote berichtet erschüttert, Edith habe seine Mitleidsäußerungen sanft, aber bestimmt abgewehrt: „‚Was auch kommen mag, ich bin auf alles gefaßt. Das liebe Jesuskind ist auch hier unter uns!' Mit einem kräftigen Händedruck wünschte sie mir und den Meinigen Gottes Segen. Als ich meine Wünsche ausdrücken wollte, sagte sie, um sie brauchten wir uns nicht zu sorgen, sie ständen in Gottes Hand."

„Tausend Dank, Grüße an alle", so schließt das letzte Briefchen, das Edith am 6. August 1942 aus der Lagerbaracke nach Echt schickte (wo soeben aus La Pâquier die Nachricht eingetroffen war, die Schweizer Behörden machten keine Schwierigkeiten mehr und die beiden Schwestern könnten einreisen!). Dann verlor sich ihre Spur.

Jahrelang war man auf Gerüchte angewiesen. Es hieß, die Ordensleute seien von Westerbork nach Polen gebracht worden. Ein Bahnhofsvorsteher gab an, Edith auf der Fahrt erkannt zu haben. Vom Arbeitseinsatz in Bergwerken war die Rede. Erst nach Kriegsende wurde auch den letzten Zweiflern klar, was mit den Deportierten geschehen war. Am 16. Februar 1950 tauchte Edith Steins Name in den endlosen Listen von KZ-Opfern auf, die das niederländische Justizministerium veröffentlichte.

Wie sich jetzt rekonstruieren ließ, wurde am 7. August kurz nach Sonnenaufgang im Lager Westerbork ein Transport von knapp tausend Juden zusammengestellt, der für das Konzentrationslager Auschwitz bestimmt war.

„Seltsam stachen die Ordensgewänder von dem Gepäck und der Ausstattung der übrigen ab", erinnert sich ein Augenzeuge. „An Stelle der Gendarmen waren bewaffnete SS-Leute gekommen, und unter ihren groben und anschnauzenden Befehlen zog der lange Trupp aus dem Lager hinaus. Wir Zurückbleibenden haben ihm noch sehr lange nachgewinkt! Das war das letzte, was wir von diesem Transport gesehen haben."

Laut Auskunft des Justizministeriums sind Edith und Rosa Stein gleich nach ihrer Ankunft in Auschwitz am 9. August 1942 vergast worden. Zwei von den fast 31 000, die dort allein zwischen dem 13. Juli 1942 und dem 23. Februar 1943 starben.

Man führte die Todeskandidaten in einen „Duschraum", gab ihnen ein Stück Seife mit, versprach ihnen eine Tasse Kaffee. Dann strömte das tödliche Blausäuregas in den Raum. Spätestens in diesem Moment muß Edith Stein begriffen haben, daß ihr Leben zu Ende war.

Ob sie singend gestorben ist wie die ostjüdischen Rabbiner, die mit dem Lied des Maimonides auf den Lippen die Gaskammer betraten: „Ich glaube, obwohl der Messias zögert zu kommen"?

Oder ob sie einfach mit dem Sch'ma Jisrael in den Tod ging, dem kraftvollen Glaubensbekenntnis und Sterbegebet ihres Volkes?

„Sch'ma Jisrael Adonaj Elohenu ..."

„Höre, Israel! Der Herr, unser Gott, ist der Herr, der einzig Eine ... Beistand unserer Väter warst du von jeher, Schild und Retter ihren Kindern ... Er befreit die Gefangenen und erlöst die Demütigen ... Fels Israels, erhebe dich zur Hilfe Israels ... Gelobt seist du, Herr, der Israel erlöst hat."

6

Der Weg in die Herzen

*„Die große Liebe allein wird bleiben.
Wie sollte es auch anders sein können?"*

Es gibt kein Grab. Schwester Benedictas Asche ist irgendwo auf dem Gelände von Auschwitz verstreut worden.

Aber bald nach Kriegsende setzte ein breites Interesse an dieser unerhört zeitgemäßen Gestalt des Glaubens ein. Im Kölner Karmel häuften sich die Bitten um nähere Informationen; 1948 veröffentlichte ihre ehemalige Novizenmeisterin eine erste Biographie. Schulen, Studentenheime, Bibliotheken wurden nach Edith Stein benannt. In Köln wurde ein Archiv eingerichtet. Unter schwierigsten Bedingungen suchte man ihren verstreuten Nachlaß zusammen; manche Manuskripte wurden aus einzelnen Blättern wiederhergestellt, die aus den Trümmern eines niederländischen Klosters geborgen worden waren.

1978 entstand in der Universitätsstadt Tübingen ein Edith-Stein-Karmel, der sich als Zentrum karmelitanischer Spiritualität versteht, zahlreiche evangelische Professoren und Studenten zu seinen Freunden zählt und ebenfalls über ein Edith-Stein-Archiv verfügt; ein drittes ist in Brüssel angelegt worden. Die umfangreichen Werke der Ordensfrau gibt es inzwischen in Englisch und Französisch, Italienisch und Spanisch, Niederländisch und Polnisch.

Obwohl ein Grab – Ausgangspunkt der Heiligenverehrung seit den Zeiten der ersten Märtyrer – fehlt, versammeln sich an den Gedenkstätten für Schwester Benedicta die Menschen, um mit ihr und zu ihr zu beten. 1962 eröffnete Kardinal Joseph Frings in Köln den Informativprozeß für die Seligsprechung auf Diözesanebene, 1972 konnte das umfangreiche Material nach Rom geschickt werden. 1980 baten die deutschen Bischöfe – unterstützt von ihren polnischen Amtsbrüdern – dort um die baldige Seligsprechung der Ordensfrau. Papst Johannes Paul II. erfüllte diesen Wunsch am 1. Mai 1987 in Köln.

Bereits beim ersten Besuch als Papst in seiner polnischen Heimat hatte Johannes Paul II. 1979 im KZ Birkenau an diese „Zierde der heutigen Philosophie in Deutschland" erinnert. Menschen wie Edith Stein oder Pater Maksymilian Kolbe hätten an solchen Orten, die im Zeichen der Leugnung des Glaubens an Gott und an den Menschen, im Zeichen einer radikalen Verhöhnung der Liebe, auf dem Fundament von Haß und Menschenverachtung errichtet worden seien, Siege des Glaubens und der Liebe errungen. „Christus will, daß ich als Nachfolger des Petrus vor der Welt Zeugnis gebe für das, was die Größe des Menschen unserer Zeit und sein Elend zugleich ausmacht. Was seine Niederlage und was sein Sieg ist …"

Kaddisch für Edith Stein

Das Kaddisch ist das uralte, im Kern noch aramäische Gebet des jüdischen Volkes für seine Toten. Im Angesicht des Todes wird nicht geklagt und nicht einmal direkt für den Verstorbenen, sondern um das Kommen des Reiches Gottes gebetet – wie im Vaterunser der Christen. Eben diese Bitte aber wird den Verstorbenen wie ein Schutzengel vor das Gericht Gottes begleiten.

„Erhoben und geheiligt werde sein großer Name
in der Welt, die er nach seinem Willen erschaffen.
Und sein Reich erstehe
in eurem Leben und in euren Tagen
und im Leben des ganzen Hauses Israel,
bald und in naher Zeit,
sprechet: Amen!

Sein großer Name sei gepriesen
in Ewigkeit und Ewigkeit der Ewigkeiten!

Gepriesen und gerühmt
und verherrlicht und erhoben,
erhöht und gefeiert
und hocherhoben und gepriesen
der Name des Heiligen, gelobt sei er,
hoch über jedem Lob und Gesang,
Huldigung und Trost,
die je in der Welt gesprochen wurden,
sprechet: Amen!

Die Fülle des Friedens und das Leben
mögen vom Himmel herab
uns und ganz Israel zuteil werden,
sprechet: Amen!

Der Frieden stiftet in seinen Höhen,
er stifte Frieden unter uns und ganz Israel,
sprechet: Amen!"

Zeittafel

12. 10. 1891	Edith Stein in Breslau, in einer jüdischen Kaufmannsfamilie, geboren
1897–1908	Viktoriaschule in Breslau
1908–1911	Oberlyzeum der Viktoriaschule
1911	Abitur
1911–1913	Studium der Germanistik und Geschichte an der Universität Breslau
1913–1915	Studium der Philosophie, Psychologie, Germanistik und Geschichte an der Universität Göttingen. Mitgliedschaft im preußischen Verein für Frauenstimmrecht
Januar 1915	Staatsexamen als Lehrerin in Philosophischer Propädeutik, Geschichte und Deutsch
1915	Rotkreuzhelferin im Seuchenlazarett Mährisch-Weißkirchen. Aushilfe als Lehrerin in Breslau
1916	Assistentin von Professor Husserl in Freiburg
1917	Promotion in Freiburg
1919	Bewerbung um die Habilitation in Göttingen abgelehnt
1. 1. 1922	Taufe in Bergzabern
1922	Beiträge im Jahrbuch für Philosophie und phänomenologische Forschung
1922–1932	Lehrerin am Mädchenlyzeum und Lehrerinnenseminar St. Magdalena in Speyer
1924	Ihre „Untersuchung über den Staat" erscheint

1928–1931	Rednerin bei pädagogischen Studientagen und Kongressen. Tätigkeit im Verband katholischer Lehrerinnen
1930/31	Habilitationsversuche in Freiburg und Breslau scheitern erneut
1931	Ihre Übersetzung der „Untersuchungen über die Wahrheit" des heiligen Thomas von Aquin erscheint
1932	Dozentin am Deutschen Institut für wissenschaftliche Pädagogik in Münster
1933	Das Nichtariergesetz erzwingt das Ende ihrer Dozententätigkeit. Sie beginnt ihre Autobiographie „Aus dem Leben einer jüdischen Familie" (1963 erschienen)
14. 10. 1933	Eintritt in den Kölner Karmel
15. 4. 1934	Einkleidung. Ihr Ordensname lautet Teresia Benedicta a Cruce
21. 4. 1935	Zeitliche Gelübde
15. 9. 1935	„Reichsbürgergesetz" und „Gesetz zum Schutz des deutschen Blutes und der deutschen Ehre" gegen die Juden beschlossen
21. 4. 1938	Ewige Gelübde
9./10. 11. 1938	Die Judenpogrome der „Reichskristallnacht"
31. 12. 1938	Flucht in den niederländischen Karmel Echt
11. 7. 1942	Protesttelegramm holländischer Kirchenführer an Hitlers Reichskommissar Seyß-Inquart gegen die Judendeportationen
26. 7. 1942	Der Protest wird in allen niederländischen Kirchen verlesen. Die katholischen Bischöfe lassen zusätzlich ein Hirtenwort verkünden
2. 8. 1942	Verhaftung aller katholischen Juden der Niederlande durch die SS
4. 8. 1942	Im Sammellager Westerbork

7. 8. 1942	Deportation in das KZ Auschwitz
9. 8. 1942	Edith Stein in Auschwitz vergast
16. 2. 1950	Offizielle Bestätigung ihres Todes durch das niederländische Justizministerium. Im selben Jahr erscheint ihr philosophisches Hauptwerk „Endliches und ewiges Sein"
1962	Eröffnung des Informativprozesses – Vorstufe zum Seligsprechungsverfahren – auf Diözesanebene in Köln
1980	Bitte der deutschen und polnischen Bischöfe um Seligsprechung
1. 5. 1987	Papst Johannes Paul II. spricht Edith Stein in Köln selig

Benutzte Literatur in Auswahl

Edith Steins Werke. Herausgegeben von Lucie Gelber und Romaeus Leuven.
– Band I: Kreuzeswissenschaft. Studie über Joannes a Cruce. Druten – Freiburg ³1983.
– Band II: Endliches und ewiges Sein. Versuch eines Aufstiegs zum Sinn des Seins. Freiburg ³1986.
– Band III und IV: Des hl. Thomas von Aquino Untersuchungen über die Wahrheit (Quaestiones disputatae de veritate). Zwei Teile, Louvain – Freiburg 1952 und 1955.
– Band V: Die Frau. Ihre Aufgabe nach Natur und Gnade. Louvain – Freiburg 1959.
– Band VI: Welt und Person. Beitrag zum christlichen Wahrheitsstreben. Louvain – Freiburg 1962.
– Band VII: Aus dem Leben einer jüdischen Familie. Das Leben Edith Steins: Kindheit und Jugend. Vollständige Ausgabe, Druten – Freiburg 1985. Paperback-Sonderausgabe 1987 unter dem Titel: „Edith Stein – Aus meinem Leben" (mit einem Nachtrag „Die zweite Lebenshälfte" von M. Amata Neyer).
– Band VIII und IX: Selbstbildnis in Briefen. Erster Teil: 1916–1934. Zweiter Teil: 1934–1942. Druten – Freiburg 1976 und 1977.
– Band X: Romaeus Leuven: Heil im Unheil. Das Leben Edith Steins: Reife und Vollendung. Druten – Freiburg 1983.
– Band XI: Verborgenes Leben. Hagiographische Essays, Meditationen, geistliches Leben. Druten – Freiburg 1987.
Edith Stein: Zum Problem der Einfühlung (Dissertation). Halle 1917
– Beiträge zur philosophischen Begründung der Psychologie und der Geisteswissenschaften. Eine Untersuchung über den Staat. Tübingen ²1970.
– Husserls Phänomenologie und die Philosophie des heiligen Thomas von Aquino. In: Jahrbuch für Philosophie und phänomenologische Forschung, Ergänzungsband 1929 (Husserl-Festschrift), 315–338.

– Zum Kampf um den katholischen Lehrer. In: Zeit und Schule 26 (1929), 121–124.
– Die theoretischen Grundlagen der sozialen Bildungsarbeit. In: Zeit und Schule 27 (1930), 81–85; 90–93; 159–162; 167.
– Der Intellekt und die Intellektuellen. In: Das heilige Feuer 18 (1931), 193–198; 267–272.
– Wege der Gotteserkenntnis – Dionysius der Areopagit und seine symbolische Theologie. München 1979
– Frauenbildung und Frauenberufe. München 1949.
– Wege zur inneren Stille. Herausgegeben von Waltraud Herbstrith. Frankfurt 1978.
– In der Kraft des Kreuzes. Herausgegeben von Waltraud Herbstrith. Freiburg 1980.
– Am Kreuz vermählt. Ausgewählt und eingeleitet von Norbert Hartmann. Zürich–Einsiedeln–Köln 1984.
– Gedichte und Gebete aus dem Nachlaß. Ausgewählt und eingeführt von Waltraud Herbstrith. Aschaffenburg ³1985.
Teresia Renata Posselt: Edith Stein. Schwester Teresia Benedicta a Cruce. Philosophin und Karmelitin. Ein Lebensbild. Freiburg ⁶1960.
Waltraud Herbstrith: Das wahre Gesicht Edith Steins. München ⁴1980.
– Edith Stein. Ein neues Lebensbild in Zeugnissen und Selbstzeugnissen. Freiburg 1983.
– Edith Stein – Zeichen der Versöhnung. München 1979.
– Edith Stein, Bilder des Lebens. München ²1982.
– Beten mit Edith Stein. München ⁴1983.
Hilda Graef: Edith Stein. Zeugnis des vernichteten Lebens. Freiburg 1979.
Jakob Schlaffke: Edith Stein. Dokumente zu ihrem Leben und Sterben. Köln 1980.
Udo Theodor Mannshausen: Die Biographie der Edith Stein. Beispiel einer Mystagogie. Frankfurt 1984.
Veronika Elisabeth Schmitt: Gebet als Lebensprozeß. Teresa von Avila – Edith Stein. München 1982.
Karmel in Deutschland. Information – Reflexion. Herausgegeben von Ulrich Dobhan und Veronika Elisabeth Schmitt. München 1981.
Gertrud von le Fort: Die Letzte am Schafott. Novelle. München ¹⁰1931.

Stefan Zweig: Zutrauen zur Zukunft. In: Die Frau von Morgen, wie wir sie wünschen. Herausgegeben von Friedrich M. Huebner. Leipzig 1929.
Elisabeth Gössmann: Die streitbaren Schwestern. Was will die Feministische Theologie? Freiburg 1981.
Franz Mußner: Traktat über die Juden. München 1979.
Jakob J. Petuchowski: Beten im Judentum. Stuttgart 1976.
S. Ph. de Vries: Jüdische Riten und Symbole. Wiesbaden [2]1982.
Fred Hahn: Lieber Stürmer! Leserbriefe an das NS-Kampfblatt 1924 bis 1945. Eine Dokumentation aus dem Leo-Baeck-Institut, New York. Stuttgart 1978.

Edith Stein

Bilder aus ihrem Leben

Edith und Erna Stein
mit ihrem Neffen Gerhard Stein in Breslau

Edith Stein als Rote-Kreuz-Helferin im Lazarett
Mährisch-Weißkirchen, 1915

Edith Stein und ihre Schulklasse in Breslau, 1916

Edith und Erna Stein in Breslau

Die junge Philosophin in Breslau

Edith Stein als Lehrerin in Speyer

Edith Stein in Speyer

Bei einem Vortrag in Wien, 1931

Dozentin in Münster/Westf. am Deutschen Institut
für wissenschaftliche Pädagogik, 1932

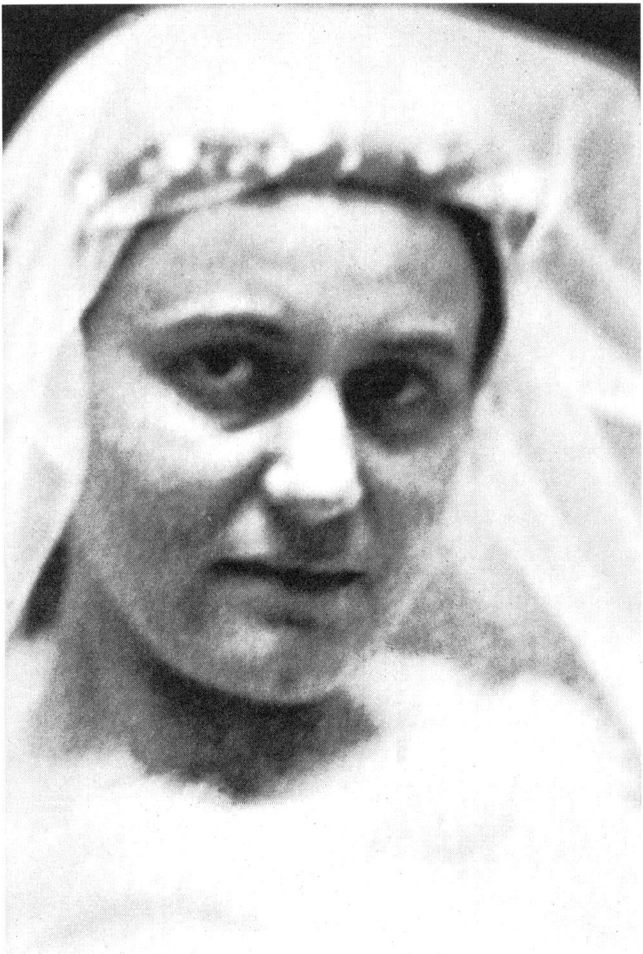

Beim Fest der Überreichung des Ordensgewandes
im Karmel Köln, 1934

Beim Abschied vom Karmel in Köln, 1938

Sr. Teresia Renata Posselt im Karmel Köln,
erste Biographin Edith Steins

Frau Suse Batzdorff, Nichte Edith Steins,
im Edith-Stein-Archiv Tübingen

Mechthild Rupf-Bolz, Tochter des von den Nazis ermordeten Ministerpräsidenten Bolz, mit Augustin Kardinal Meyer im Edith-Stein-Karmel, Tübingen

Christlich-Jüdischer Dialog mit Ignaz Bubis in Tübingen

Kerntexte aus den Schriften Edith Steins

Edith Stein

Im verschlossenen Garten der Seele

Ausgewählt und eingeleitet von Andrès E. Bejas

128 Seiten, Paperback
ISBN 3-451-26636-9

Von Anfang an war Edith Steins Leben auf einen Magneten gepolt, den sie „Wahrheit" nannte. Jene „Wahrheit", die sie nach langem Suchen unvermutet in Christus fand. Edith Steins „verschlossener Garten der Seele" ist der Ort, an dem die Blume der göttlichen Weisheit, der menschgewordene, gestorbene und auferstandene Christus blüht und sich den Menschen öffnet.
In den hier zusammengetragenen Texten zeigt sich Edith Stein als eine Frau, die Herz und Verstand gleichermaßen sprechen läßt. Sie führt die Leser auf den Pfaden des inneren Lebens – hinein in den „verschlossenen Garten der Seele".

Verlag Herder Freiburg · Basel · Wien

Weitere Bücher von Christian Feldmann

Wer glaubt, muß widerstehen
Bernhard Lichtenberg – Karl Leisner
3. Auflage, 171 Seiten, Paperback
ISBN 3-451-26052-2

Träume werden wahr
Menschen im Gegenwind der Zeit
380 Seiten, gebunden mit Schutzumschlag
ISBN 3-451-23537-4

Gottes sanfte Rebellen
Große Heilige
Herderbücherei, Band 8833
ISBN 3-451-08833-9

Hildegard von Bingen
Nonne und Genie
Herder Spektrum, Band 4435
5. Auflage
ISBN 3-451-04435-8

Therèse von Lisieux
Die schwarze Nacht des Glaubens
2. Auflage, 192 Seiten, Paperback
ISBN 3-451-26340-8

Die Liebe bleibt
Das Leben der Mutter Teresa
Mit einem Vorwort von Frère Roger
4. Auflage, 160 Seiten mit 20 s/w Fotos,
gebunden mit Schutzumschlag
ISBN 3-451-26285-1

Verlag Herder Freiburg · Basel · Wien